RECLAM-BIBLIOTHEK

Adolf (Edmond) Endler; geb. 1930 in Düsseldorf, siedelte 1955 in die DDR über, war in mehreren Berufen tätig, u. a. als Kranführer und Transportarbeiter, von 1955–57 Studium am Leipziger Literaturinstitut, seither freiberuflich als Lyriker, Kritiker, Essayist und Prosaist, lebt heute in Berlin. – Wichtige lyrische Werke: »Das Sandkorn« (1974, ²1976) und »akte endler« (1981, ²1988). – Dem Rotbuch-Verlag, damals in Westberlin, ist die Publikation neuerer Prosa des Autors zu danken, der Bände »Ohne Nennung von Gründen« (1985), »Schichtenflotz« (1987) und »Vorbildlich schleimlösend« (1990). – Nennenswert sind außerdem die Prosabücher »Zwei Versuche, über Georgien zu erzählen« (1976) und »Nadelkissen« (1980), stark erweitert unter dem Titel »Citatteria & Zackendullst« (1990) wieder erschienen. – Mit Karl Mickel Herausgeber der Lyrik-Anthologie »In diesem besseren Land« (1966); eine Sammlung seiner besten Essays erschien unter dem Titel »Den Tiger reiten« (1990). – Seither die zwei Prosabücher »Die Antwort des Poeten« (1993) und »Tarzan am Prenzlauer Berg« (1994), beide bei Reclam Leipzig. – Förderpreis Literatur zum Kunstpreis Berlin/West 1978; Heinrich-Mann-Preis 1990 der Akademie der Künste (Ost); Brandenburgischer Literaturpreis 1994; Preis der SWF-Bestenliste 1995.

Adolf Endler
Die Exzesse Bubi Blazezaks im Fokus des Kalten Krieges

Satirische Collagen und Capriccios 1976–1994

RECLAM VERLAG LEIPZIG

ISBN 3-379-01540-7

© Reclam Verlag Leipzig 1995 (für diese Ausgabe)
Rechtenachweis am Ende des Bandes

Reclam-Bibliothek Band 1540
1. Auflage, 1995
Reihengestaltung: Hans Peter Willberg
Umschlaggestaltung: Matthias Gubig
Porträtfoto des Autors (Seite 1): Lothar Deus, Berlin
Gesetzt aus Meridien
Satz: Offizin Andersen Nexö Leipzig GmbH
Druck und Bindung: Ebner Ulm
Printed in Germany

Inhalt

Vorbemerkungen 9

I VORBILDLICH SCHLEIMLÖSEND

Trauerfeier für Adolf Endler oder
    Endlers schlechte Träume 16
Der Stuhl/Eine Ermutigung 17
Kosmogonisches/»Hinweise für Journalisten« 25
Berliner Straßengespräch 29
Die Exzesse Bubi Blazezaks im Fokus des Kalten
    Krieges/Romanfragment 30
Zu einer Grafik von Max Ernst 49
Vorbildlich schleimlösend/Ostberliner Notizen 82 52
Werbung für das Rote Kreuz 59
Ostberliner Gör Ende der Siebziger 60
H wie »Humanes Verhalten« 62
Brunhilde Humperdinck/Materialien für eine
    Biographie 63
Unvergeßlicher Augenblick im Jahr 77 80

II NACHRICHTEN AUS DER HÖLLE

Ottos Karnickel 82
Notiz betreffs Bubi 83
Die Rasierklinge mit den Spinnenbeinen 86
Für acht Groschen Hefe 92
Lob der Kulturpolitik/Fragment 93
Die frühen Achtziger/Ein Zitaten-Slalom 97
Sprüche, in Stein gehauen (I) 107
Statt einer Vorbemerkung 114
Wir Jungs von Ypsilon-Acht oder der Lagebesprechungs-
    wimpel 115
K. definiert 124
Die Wände/Husemannstraße Hinterhaus rechts 125
Nachrichten aus der Hölle/Eine Non-Predigt 128
Nach Rahnsdorf fahren 140

III ZWEITE BEGEGNUNG MIT DER SCHMAROLLE

Über das Rudern im Achter 142
Belehrung Müller Friedrich von Preußen
    Ankes Traum Lächeln Lüsternheit/
    Materialien zu einem Weihespiel 143
Unverhoffte Begegnung 148
Blazezak-Mitte (Bruchstück aus einem Roman) 149
Ehrlichkeit 153
Bubi Blazezaks gedenkend/Seitenblick auf einen
    Romanhelden 154
Zum Berlin-Jubiläum 1987 168
Sajänsfiktschn 87/Aus einem Expeditionstagebuch (I) ... 169
Zweite Begegnung mit der Schmarolle/Aus einem
    Expeditionstagebuch (II) 174
Istanbul am Pazifik 177
Eine gefährliche Ehrung/Fragment 178
Sprüche, in Stein gehauen (II) 185
Kindheit 186
Die Auskunft des Poeten/Glosse 188
Vatertag 192
Verlustanzeige 193

STATT EINES NACHWORTS

Ede Nordfalls »Wende-Roman« 198

Quellen- und Rechtenachweis 208

Vorbemerkungen

… und es ist natürlich nur eine Auswahl aus einem Konvolut, das vielleicht zehnmal so viele Seiten (Blätter) zählt wie das vorliegende Taschenbuch; es ist nicht zuletzt eine Auswahl aus den zwei in den Achtzigern im Rotbuch-Verlag erschienenen Büchern »Ohne Nennung von Gründen« und »Schichtenflotz« sowie dem 1990 meine »Underground«-Produkte sammelnden Band »Vorbildlich schleimlösend«, dessen appetitlich kaputter Titel nicht nur auf die Zigarettenmarke K A R O anspielt wie auch der Umschlag jenes Buches, sondern auf die D D R-Welt schlechthin: *Vorbildlich* schleimlösend … Vielleicht läßt dieser Hinweis bereits die schwarzhumorige Verdrehtheit erahnen, welcher man bei der Lektüre dieser Prosa begegnen wird: Schleudertour, Gespensterbahn, nichts für schwache Nerven, nichts für den gehobenen quasi »normalen« Geschmack diese teils desperat zerbröckelnden, teils irrwitzig ausschweifenden Fragmente, Glossen, Zitat-Serien, Lästerlaudatios. Nein, nicht jedem wird die Erkenntnis schmecken: Die D D R ist für den Autor spätestens seit Mitte der siebziger Jahre so etwas wie die Absurdität der Welt in der Nußschale gewesen – vielleicht habe ich in dieser Beziehung die Bedeutung der D D R überschätzt –; die Absurdität ist natürlich geblieben, auch wenn die Nußschale zerplatzt ist. (Die wenigen »Nachwende«-Texte am Schluß des Bandes deuten darauf hin.) Aber nicht als Beleg für diese kühne Behauptung ist die vorliegende Kollektion gedacht. Vorgeschwebt hat mir unter anderem ein Band, der einige Fragen, die mir im Zusammenhang mit meinem Buch »Tarzan am Prenzlauer Berg« gestellt worden sind, beantworten sollte, z. B. die eher mißtrauische: »Was genau ist denn eigentlich zum Vortrag gekommen bei den spektakulären illegalen ›Wohnungslesungen‹ in den Achtzigern?« (Von solchen »Wohnungslesungen« ist im »Tarzan« immer einmal wieder die Rede.) Die Antwort: Das hier!, diese »Collagen« und »Capriccios« hier!; und man wird sie schwerlich, wie es geschehen ist, ganz und gar »unpolitisch« nennen können, auch nicht »raffiniert verschlüsselt«; es ist etwas anderes, vielleicht eine böse und wüste Verjuxung der DDR, welche die Stasi-Offiziere nachweislich ratlos hat stehen lassen, ratlos und wütend zugleich. (»Ohne Nennung von Gründen« und »Schichtenflotz« gehören zu den bei Haussuchungen etc. bevorzugt beschlagnahmten Büchern.) Vorgeschwebt hat mir ein Band, der als verdeutlichende Ergänzung, partiell sogar als Fortsetzung von »Tarzan am Prenzlauer Berg« gelesen werden kann, wie sie von vielen Lesern, aber auch Rezensenten gewünscht worden ist, manchmal in geradezu harschem Befehlston: »Wir warten auf Tarzan, Teil zwei.« (Wolfgang Seibel im »Spectrum«.) Jedenfalls gehen die meisten der hier vereinigten Exaltationen und Schnurrpfeifereien ebenso von meinen Tagebuchaufzeichnungen aus wie die »Sudelblätter 1981–1983«; freilich finden sie sich jetzt in exzessiv-surrealer Weise weiter gesponnen, gelegentlich science-fiction-haft bis über das damals noch nicht absehbare Ende der DDR hinaus. In jenen Jahren war mir die »Anthologie des Schwarzen Humors« von André Breton zur täglichen Bibel geworden.

Allerdings habe ich mich bei der Auswahl, die anders zerflattert wäre, auf Texte eines bestimmten Typs beschränkt, auf Texte, die so oder so mit Zitaten der unterschiedlichsten Herkunft »aufgeladen« sind, auf die Collagen also; das Buch sollte zunächst mit dem ironischen Untertitel »Bausteine für eine andere Geschichte der DDR« versehen werden. Die Spannweite bleibt trotzdem erheblich, was Methode und Gewicht gleichermaßen betrifft. (Um sie ansatzweise auszumessen, lese man vergleichend die beiden Stücke »Unverhoffte Begegnung« und »Blazezak-Mitte«!) Im Grunde geht es indessen fast immer um den Versuch, diese oder jene seltsamen Zitate aus Journalen, Dokumenten, Büchern in einen möglichst verrückten bzw. paradoxen Zusammenhang zu stellen, um sie auf diese Weise ihren wahren, in der Regel wahnwitzigen Charakter offenbaren zu lassen. Daß solche Methode gelegentlich auch unerwünschte Effekte zu zeitigen vermag, habe ich mehr als einmal erfahren müssen; so ist mit schöner Regelmäßigkeit die Authentizität etwelcher zitierter Artikulationen entschieden angezweifelt worden, und zwar nicht nur von westdeutschen Lesern, sondern auch von ostdeutschen, die es hätten besser wissen können: »Mensch, das hast du doch erfunden, das hast du doch selber ausgetiftelt ...« Nach neuerlichen Anwürfen dieser Art selber etwas unsicher geworden – es ist ja auch schon so lange her seit der Niederschrift der meisten Seiten dieses Buches –, habe ich Abschnitt für Abschnitt noch einmal geprüft und darf endlich schwören: Sämtliche als Zitate erkennbaren Zitate sind echt, echt, echt!, und einige hundert nicht besonders gekennzeichneten außerdem – bis auf *eines*, nämlich das angebliche Zitat aus Ede Nordfalls Stasi-Akte ganz am Schluß des Buches (»Ede Nordfalls ›Wende-Roman‹«); der Stil der echten Stasi-Akten – ich habe versucht, mich ihrer zu bedienen – widerspricht so herb dem stilistischen Umfeld, welches ihnen meine Prosa geboten hätte, daß ich gezwungen war, dieses Fetzchen »Akte« zu erfinden, in endlerscher Manier herausgeputzt. (Ich bin eben doch ein Ästhet!) Vollkommen authentisch sind hingegen z.B. die schon in DDR-Zeiten dem Autor zugeschriebenen phantastischen Schulaufsätze (»Nachrichten aus der Hölle«, erschienen in einer ersten Fassung 1987 in einer Underground-Postille), wie ich sie mir in einer Story durch eine rätselhafte und makabre »Salome X.« höchst konspirativ zuspielen lasse, ja, sie sind bis in die fehlerhafte Satzzeichensetzung hinein authentisch, diese manches über die verkorkste Psyche des »DDR-Kindes« verratenden Aufsätze, und überbracht worden sind sie mir, heute darf ich den Namen verraten, von der damaligen Lehrerin Tina Krone, jetzt Leiterin des Havemann-Archivs im Prenzlauer Berg. Um mit einem weiteren Beispiel zu dienen: Auch bei den gelegentlich für diese Texte herangezogenen Stücken holder Poesie handelt es sich durchweg um Originale und keinesfalls, wie trotz aller Widerrede stets neu vermutet wird, um höhnische Parodien; selbst das wahrlich deprimierende Becher-Opus »Das Altersgedicht«, in DIE EXZESSE BUBI BLAZEZAKS zitiert, ist ein Becher-Original, aufzusuchen in des Dichters Büchern oder aber in Peter Huchels »Sinn und Form«. (»Der Huchel hat das durchgehen lassen? Das ist doch nicht möglich!") Weiters: Selbst die Alltagsgespräche, die Banal-Artikulationen in dieser Prosa sind zum großen Teil »Zitate«, beim Spazierengehen, im Lebensmittelladen, in der Kneipe aufgegriffene und rasch notierte »Schnäcke« (Heißenbüttel), Volkes Mund »abgelauscht«. – Nun aber Schluß mit solchen Beteuerungen, mit denen ich meinem Ansehen letztendlich nur schade. Hätte ich die Schulaufsätze und die Zitate aus den Zeitschriften DER HUND, VISIER, DER ZIERFISCH, SONNTAG undsoweiter alle erfunden, käme man schwerlich umhin, den Verfasser ein Genie zu heißen. Aber so?«... und dann fällt ei'm auch noch 'ne Kohle auf'm Kopp!«

PS: Durch meine Prosabücher wandert seit Ende der Siebziger, taucht auf, verschwindet wieder eine traurige Lustspielgestalt namens Bubi Blazezak, der »Antiheld« schlechthin, ein großer Frauenheld und Maulfechter, eigentlich die Zentralfigur eines in unregelmäßigen Abständen angekündigten Schelmenromans, mein unsägliches Alter ego in mancher Hinsicht, das viele Freunde gefunden hat, mehr als ich selber auf jeden Fall. Auch in dieser Auswahl wird man sie in jeder der drei Abteilungen kurzfristig ihr Unwesen treiben sehen, verstrickt in allerlei obskure Abenteuer, vornehmlich amoureuse. Ich überlasse es dem Publikum, ob es die »Exzesse Bubi Blazezaks« als mählich verwahrlosende Reste eines gescheiterten Werks auffaßt oder aber, dem Autor wohlgesonnen, als interessante und vielversprechende Vorab-Proben aus dem u. U. noch in Entstehung begriffenen *großen* Schelmenroman unserer Zeit! Im Vertrauen und bei Seite: Der Roman ist längst fertig, doch immer wieder sind es andere und anders mißliche Zeitumstände, die der endlichen Publikation im Wege stehen. Eines weiß ich genau: Sobald dieser Roman erschienen ist, wird mich kein Mensch mehr ernst nehmen können ... Das kann ich jedoch zur Zeit noch nicht riskieren, der ich nun doch noch für eine Weile »in die Politik« zu gehen gedenke; raten Sie mal, liebe Leserin, lieber Leser, für welche Partei!

(Januar 95)

I
VORBILDLICH SCHLEIMLÖSEND

Trauerfeier für Adolf Endler oder
Endlers schlechte Träume

Dabei war er – darf ich Euch, meine lieben drei Freunde, daran erinnern? – Träger einer Broncemedaille des Deutschen Turn- und Sportbundes, verliehen für »hervorragende künstlerische Leistungen«, für ein Sportlerlied, dessen Kehrreim lautet: »Es wehen die festlichen Fahnen im Wind, / Ob Sonne scheint, obs regnet. / Kämpft, daß es heißt: In Leipzig sind / Die Besten sich begegnet.« Dabei hat selbst das »Neue Deutschland« – meine lieben zwei Freunde, bleibt wenigstens Ihr! – bereits zu Lebzeiten A. E.s ihn mit dem Abdruck eines seiner Gedichte gewürdigt, eines Sportlerliedes, dessen Kehrreim lautet: »Es wehen die festlichen Fahnen im Wind, / Ob Sonne scheint, obs regnet. / Kämpft, daß es heißt: In Leipzig sind / Die Besten sich begegnet.« Und wurde nicht auch durch den Klassenfeind, mein lieber Heinz Czechowski, die Bedeutung des Dahin geschiedenen unterstrichen, als jener, wenn auch zum Zwecke der Abwertung, den Kehrreim eines der Gedichte A. E.s zitierte, eines Sportlerliedes, für das er seinerzeit mit einer Broncemedaille des Deutschen Turn- und Sportbundes geehrt und das seinerzeit sogar vom »Neuen Deutschland« abgedruckt worden ist!? Ja, ja, »Es wehen die festlichen Fahnen im Wind, / Ob Sonne scheint, obs regnet. / Kämpft, daß es heißt: In Leipzig...« Heinz, du gehst auch?

(76)

Der Stuhl/Eine Ermutigung

Sehr geehrter Herr Z., wie ich der für die Verhältnisse doch recht düster eingefärbten Einladung zu Ihrer anthologischen Bemühung entnehme – das Schreiben hat mich ohne größere Widerstände oder Hemmungen und fast unbeschädigt erreicht –, scheint es ja zur Zeit überall und mit allem schlimm zu stehen und schlecht bestellt zu sein. Das mag wohl stimmen; entspricht indessen nicht meinem Weltbild. Beigeheftetes meiner nur für den engsten Familienkreis herausgegebenen Privatzeitschrift LEICHENTEILE entnommenes Prosastück versucht wenigstens eine Teillösung anzubieten, und zwar im Hinblick auf das Sitzen! Gerade das Thema Sitzen dürfte uns ja noch lange beschäftigen: Letztendlich wird die Frage des Herangehens an das Sitzen und deren Beantwortung entscheidend dafür sein, ob und wie lange man es als Autor aushält, das Seine im Rahmen des Ganzen nicht zu vernachlässigen; eines Ganzen, für welches der einstmals so vielstimmig beschworene *homo ludens* wohl endgültig ausgespielt hat, zugunsten bekanntlich des immer unverrückbar dominierenden *homo sedens*. – Daß eine Zurückweisung meiner kleinen Arbeit sich mir und meiner sogenannten Familie als private Kränkung einprägen würde, braucht nicht extra betont zu werden. (Anlage, mit Genehmigung der hiesigen Oberleitung:)

Vorliegendes wird geschrieben sein nicht in Mitte oder Prenzlauer Berg, sondern im abgelegenen Weißensee; und nicht in einem Worpsweder Stuhl aus der Werkstatt Heinrich Vogelers sitze ich – wie noch jüngst: was ich der Öffentlichkeit bereits dartuen durfte –, sondern in einem Drehstuhl, Metall und Glas, mit leistungssteigerndem ANATOMIC-Sitz, dem Sitz mit den fünf *integrierten Sitzfunktionen*. Die gewisse stilistische Verschmitztheit des Essays, den der Leser vor Augen hat, wäre dem Benutzer oder, um den Fachausdruck vorzuziehen, dem *Verwender* des Stuhls aus Worpswede, der der Verfasser vorigen Oktober noch war, sicher schwerlich entsprossen!, sie ist geschuldet dem sogenannten aktiv-dynamischen Sitzen, wie es der PRIMUS-Stuhl, glücklich gewählter Name!, mit seinem ANATOMIC-Sitz in voller Breite gestattet. Andererseits möchte das gelegentlich deutlich hörbare und auch für den Autor nur schwer erträgliche Schmatzgeräusch aus gewissen tiefer gelegenen Schichten dieses Prosagebildes zurückzuführen sein auf Weißensee (112) und dessen, gemessen an Mitte (104) und Prenzlauer Berg (1058), ungleich weichere Luftverhältnisse, die eher eine gewisse quarkhafte Schläfrigkeit der künstlerischen und der Bewegungen überhaupt begünstigen...: Um so größere Aufmerksamkeit erheischt die Tatsache, daß unser Aufsatz in kaum mehr als zweieinhalb Stunden fertiggestellt werden konnte, in Anbetracht der atmosphärischen Umstände rings eine Sensation, was uns wieder zum »aktiv-dynamischen Sitzen« zurückbringt wie auch zum ANATOMIC-Sitz, der allein solch ein Tempo, es handelt sich immerhin um acht Seiten, herbeizuzwingen, auf der Höhe zu halten, kurz, *abzusichern* imstande ist inmitten solch eines eigenartigen Einhundertzwölf des *Postleitzahlenverzeichnisses DDR* – vor allem gewiß mit Hilfe der fabelhaften PERMANENT-CONTACT-Rückenlehne, die permanent Contact mit dem Rücken sucht, wie man sich dreht und windet, dann aber auch der *Teleskophöhenverstellung*, der *Schnellarretierung* der Rückenlehne, der Vollpolsterung mit Kantenschutz; Zeitersparnis circa neun Wochen!, wie der modische Taschenrechner des Autors ihm ausgerechnet hat. Liebhaber wollen mich an dieser Stelle vielleicht gerne darauf aufmerksam machen, daß ich die Sitzhöhenverstellung des Stuhles, entweder durch *Rastermechanik* vollziehbar oder aber durch die PRIMUS-LIFT-AUTOMATIC, daß ich diese doch auch ingeniösen Details, womöglich die glitzerndsten des kunstentfremdeten Mobiles, gänzlich unerwähnt lasse. In der Tat spielen sie zumindest für meine Prosa eine nur untergeordnete Rolle, während selbstverständlich das Untergestell und seine Rollen mit *wartungsfreien Sinterlagern* (nach DIN 4551) an allererster Stelle genannt zu werden verdient hätten, so bedeutungslos für den Verfasser die Tugend der »Wartungsfreiheit« immer sein mag: Hat er jemals einen Stuhl auf diese oder jene Weise gewartet? Auch dieser, auf dem ich sitze, in *dem* Fall ist es einmal leicht zu prophezeien, wird es nicht erleben, von mir gewartet zu werden – so heftig und suggestiv sein Äußeres dazu verlockt, mit Läppchen, zartem Pinsel, Läusekamm zu operieren sowie an Öl, Kalodermagelee, schmerzstillenden und geräuscharmen Medikamenten, Eselsmilch etc. nicht zu sparen; so nachdrücklich er einen auffordert, immer wieder einmal während der geistigen Arbeit – und, beim heiligen Gambrinus!, Arbeit ist es! – enerviert aufzuspringen, da es ungewiß schnurrt und sirrt und ticktackt im Gestänge, im Sitz, in den Rollen, oder kommt das vielleicht aus den Fundamenten?, beziehungsweise ein ungestalter Fettfleck nach dem Frühstück die Metallpartien »verschönt«... (Ich habe Wichtigeres im Kopf als die Wartung von Sitzgelegenheiten: nämlich die intendierten dreizehn Bände meines Romanzyklus NEBBICH und dessen südliche, östliche, westliche Ausläufer – da heißt es, keine Minute unnütz vertun! Heute allerdings weiß ich: Ohne den PRIMUS-Stuhl wäre ich trotz meines unerbittlichen Fleißes aufgeschmissen gewesen! Ungewöhnlich material-intensiv als auch dick und gewichtig, würden meine Texturen flügellahm und halb fertig in der Luft gleichsam hängen bleiben, könnte der Autor auf seinem Stuhl sich nicht andauernd mal in die, mal in jene Richtung drehen und auf den Rollen mit den Sinterlagern eilig hin- und herfahren zwischen Aktenstücken, Notizen, Fragmenten, Zeitungsschnitzeln, belegten Brötchen – umherschnellend zwischen Abertausenden von Zetteln, eine, zugegeben!, übermenschliche Leistung.)

Das alles will jedoch nicht besagen, daß ich mein Leben lang empfindungslos geblieben bin gegenüber dem

Stuhl: – Ach, auf wie vielen Stühlen, die mir für eine längere Wegstrecke Kameraden wurden, mag ich niedergesessen sein seit meiner Geburt!, angefangen vom Klappstühlchen des Kleinkinds, wie es ein frühes Photo des Verfassers dokumentiert; er blickt nicht des Stuhles wegen verbittert, zerknittert, mit gerunzelter Stirn und ganz und gar kritisches Fragezeichen in einen sonnigen Herbsttag des Jahres einunddreißig. Man wagt kaum hinzusehen, es sei denn, man scheut nicht die Tränen; dieser zwölf Monate alte Knirps, der säuerlich und zynisch dem angekündigten KUCKUCK entgegenblickt, als wollte er sagen – doch wem nur?, seinen verblendeten Eltern? –: Das geht alles nicht gut! Nicht die Stühle waren es dann, nicht die Stühle..., wenn es auch fünfzig Jahre und länger gedauert hat, bis jenes Kind meines Namens als halbwegs Erwachsener endlich den PRIMUS-Stuhl mit ANATOMIC-Sitz für sich entdeckte samt all seinen Vorzügen, gewiß nicht *stattlicher* als das dunkel gebeizte hölzerne Geschöpf Heinrich Vogelers, aber nicht minder stabil, strapazierfähig möglicherweise sogar über alle bisher bekannten Grenzen hinaus – ist das da draußen unter meinem Fenster hinterm Rondell Rhododendron? –, ein wahres Wunder indessen, was die Zeitersparnis betrifft; den ich zuzeiten mit meinem heiß geschriebenen Handinnern zu verzärteln geneigt bin, obgleich nicht zu warten – diesen Traum jedes Graphomanen. Denn, ehe wir es vergessen, als Wichtigstes bleibt: Ich schreibe, ich schreibe; mit der lange in Vergessenheit geratenen Vokabel meiner Schulzeit in Düsseldorf-Itter: Ich *pinne*, ich pinne! Schriftliches entsteht in einer Menge und mit einer Geschwindigkeit, daß man schreien möchte vor irrer Glückseligkeit, es ist eine Lust zu schreiben!, schreit es in mir, und so schöpfe ich und schröpfe mich Wort für Wort leer bis zum blanken Grund, den wir ahnen: das Nichts...
Selten, ja, eigentlich niemals habe ich ein Stuhlwerk so intensiv als engeren Mitarbeiter bei meiner heiklen und haarsträubenden Tätigkeit empfunden. »PRIMUS – dieser Name bürgt für angewandte Arbeitsphysiologie!«, ein Satz

aus dem Prospekt, der schön eingerahmt statt des schimmligen Heidekrautsträußleins vor meinen Augen an der Wand hängen müßte, ein Werbe-Slogan, dem der Verfasser zu seinem Glück einmal traute, dieser Satz verdient es, dreimal rot unterstrichen zu werden, so wie ich es in dem Dankschreiben hielt, welches ich – per Vermittlung meiner agilen mit INTERSHOP und GENEX verzahnten Zimmerwirtin oder *Hauptmieterin* – an die Hersteller-Firma im hessisch-westfälischen Raum gehen ließ; ein Brief?, ein kleines geschliffenes Manuskript und spritzig und witzig, darin das PEN-Club-Mitglied der Firma verheißen durfte, unter Umständen ihrem Erzeugnis gebührend Erwähnung zu tun in allerlei belletristischen Texten, um den PRIMUS-Stuhl nicht zu einer Angelegenheit kleiner elitärer Zirkel werden zu lassen ... Wie die Antwort des Herstellers ausgefallen ist, sei nicht verraten! Es ist auch nebensächlich, angesichts der einfachen Wahrheit: Ich wäre schön angeschissen ohne die fünf integrierten Sitzfunktionen, siehe (eventuell) Abbildung, des ANATOMIC-Sitzes, 1. die Beckenstütze (ganz vorzüglich!), 2. das waagerechte Sitzpolster, das die üblichen Einbeulungen und sonstige Dellen am Körper um circa 66 Prozent reduziert, *hier is wat los!*, 3. die Stützfläche (wichtig, wichtig!), 4. das *abgerundete Hochplateau* (die frühere, zum Viereck tendierende Form, das alte Persil!, man erinnert sich nur mit Grausen!), 5. den abgerundeten Vorderbereich (Kommentar überflüssig!). Der nicht unbeliebte Autor kann *rückhaltlos* die Aussage prominenter Wissenschaftler bestätigen: »Die Leistung des Menschen ist vom arbeitsphysiologisch richtigen Sitzen abhängig«, mit allgemein verständlichen Worten: Der Gang zum Stuhle sollte eine Freude sein und kein Alptraum! Bei dem Besonderen der literarischen Produktion des Verfassers – wahnsinnig unbeschreiblich das Ganze und wie es hin- und herflitzt unter meinen neun Fingern! – wird die Erfüllung dieser Sehnsucht der Menschen zur Voraussetzung weiterer Tätigkeit überhaupt, wie schon mehrmals kurz angerissen; so und nicht anders gerade jetzt wieder, da der Verfasser neben manchem anderen die zum

NEBBICH-Massiv gehörende Trilogie DIE VERHÄLTNISSE IM FERNSEHEN unter der Feder hat, eine makabre Wanderung von Studio zu Studio, Stationen eines Kreuzwegs der Autorenbockbeinigkeit, Feuerwerk aus Zurufen, Schreien und jäher Stille, Geisterbahn, Achterbahn, Kegelbahn, dazu *diese ewigen verbilligten Bahnfahrten* hin und her zwischen wahnhaft herausgekehrten Winzigkeiten: Radiergummis, Feuerlöschern, Knalltüten, Paprikaschoten, Pastetchen – wie soll man dem anders als mit einer maschinengewehrartig ratternden Prosa gerecht werden oder, besser noch, einer Maschinenpistolenprosa?: Als Traditionalist und *ehrlich erbe-bewußt* denkt der Autor jedoch am liebsten an das gute alte rebellische HOTCHKISS-MG der späten zehner und frühen zwanziger Jahre: »Ratternd MGs sticken fleißig an blutigen Zeilen, / Kugeln aus Gurten Kilometer zu leuchtenden Mustern...« (Sergej Tretjakow)

Ach, auf wie vielen Stühlen (was kommt es mir gerade jetzt wieder in den Sinn?), nicht zu vergessen: *zwischen* wie vielen Stühlen mag ich niedergesessen sein in den Jahren seit neunzehnhundertunddreißig! Waren es fünfzigtausend, hunderttausend, hundertfünfzigtausend sogar? Daß man doch gerade die wichtigsten Sachen nie weiß! Und wie viele waren es, mit denen man sich wirklich befreundet hatte und herzlich, wie beispielsweise – zwei frühe Gegenpole – mit dem immer frisch und crèmefarben gestrichenen Gartenstuhl bei unserer Oma (Tulpen bis nah an die Stuhlbeine, rote und violette) oder dem schiefen schimmelgrünen Küchenstuhl, der nach dem Luftangriff auf der Straßenmitte unvergeßlich zwischen brennenden Villen stand? Besonders von den weniger prunkvollen Stühlen haben sich manche tief eingeprägt; prächtige der Oberklassen in der Regel mich unbeeindruckt gelassen, abstoßend einige, einladend andere, aber »falsch«... Doch letztendlich wurde noch jeder Stuhl für den Autor, wenn dieser über die angemessene Zeit hinaus in ihm kleben blieb, zum höhnischen Schleudersitz, bis er es selber lernte, überbeharrliche Stühle, wie lieb er sie immer gehabt, ei-

nes Morgens mit entschiedenem Fußtritt beiseite zu tun und weiterzuwandern durch die deutschen Landschaften drüben und hüben mit ihren verschiedenförmigen Stühlen – bis hin zu den praktischen und formschönen Stühlen und *Liege-Sofas* der Sechziger aus dem Versandkaufhaus KONSUMENT in Karl-Marx-Stadt, auf denen man, ach, so häufig, so häufig Platz genommen zwischen Pößneck und Perleberg – Orte mit P. am Anfang, die Ihr mein Schicksal seid! Der letzte ganz starke Eindruck indessen war in der Wohnung des Dichters und Dramaturgen Richard Leising im Schinkelschen Hinterhaus, Bauhofstraße Numero sieben, meinem Versteck im vergangenen September – wo wird es im nächsten sein, in Plänterwald oder in Pankow? –, jener Heinrich-Vogeler-Stuhl, altbacken-jugendstilig und juvenil-seniorenhaft gleichermaßen, ein Prachtstück fürwahr, das sicher ein nettes Sümmchen einbringen würde, wenn einen die Not dazu zwänge, es mit der Bauerntruhe zusammen und anderem Firlefanz aus den Leisingschen Sammlungen zu veräußern!
Doch auch auf dieses Sitzmöbel wie auf die anderen alle, ja, besonders auf den Worpsweder Stuhl trifft es zu, daß er neueren Einsichten nur noch schwer standhält. Die Erfahrungen des Autors lassen ihn den prominenten Wissenschaftlern (siehe oben) neuerlich Beifall zollen, die zu dem Ergebnis gekommen sind, daß die Idee der sogenannten »idealen Sitzform«, der auch Worpswede verpflichtet blieb, im Grunde *absolut überholt* ist – schöne Idee das!, eine Schimäre soll man es nennen! –, und die in bündiger Expertise erklären: »Der ideale Stuhl muß vielmehr aktiv-dynamisches Sitzen ermöglichen, das heißt, er muß den Wechsel zwischen verschiedenen Körperhaltungen fördern und die statische Belastung reduzieren.« Das ist richtig! Doch leider wird es auch heute noch in mehr als neunundneunzig Prozent der Fälle weder berücksichtigt noch auch nur ins Auge gefaßt. – Wieviel mehr Prosa könnte entstehen, wäre es anders und würde man dem PRIMUS-Stuhl mit dem ANATOMIC-Sitz den Vorzug geben gleich dem Verfasser, der kein Geheimnis machen will

aus den tieferen Ursachen seiner Erfolge: er, dem man gelegentlich Selbstverliebtheit vorgeworfen hat (Heinz Czechowski) und blindesten Egoismus (Katja, Käthe, Katinka, Marlies, Musch) und der mit der Weitergabe seiner Einsichten wohl Engagement genug für das literarische und übrige Gemeinwohl hervorschauen läßt. Tatsächlich wurde dieses Papier nicht zuletzt im Interesse des Großen und Ganzen der DDR-Literatur vorgelegt, die nur gewinnen kann – »die Leistungsbereitschaft wird verdoppelt«, besagt der Prospekt –, wenn sie den PRIMUS-Stuhl benutzt, relativ preiswert und *praktisch problemlos*. Wie sehr er dem erfahrenen Schriftsteller nützt, halbe Drehung nach links, wenn er sich ernst nimmt, Pirouette rechts rückwärts, das wird nicht zuletzt, anderthalb Meter nach oben, die körnige Bildhaftigkeit, abwärts im Sturzflug, der obigen Zeilen, Drehung um neunzig Grad und frontal aufs Ziel zugerollt, dem *Allerblindesten* noch, Roll over Beethoven, oh ewige Poesie, zwölf Monate Garantie, Achtung S-Kurve, links, links, links ... Beim Satan, beim Heiligen Stuhl, bei den »Zwölf Stühlen« von Ilf und Petrow!

Elias Canetti in MACHT UND ÜBERLEBEN: »Der sitzende Mensch übt einen Druck aus, sein Gewicht stellt sich nach außen dar und erweckt ein Gefühl von Dauer. So wie er sitzt, kann er nicht fallen; er wird größer, wenn er sich erhebt.«

(78/79)

Kosmogonisches/
»Hinweise für Journalisten«

I
WELTORDNUNG (A)

»Bei der Aufzählung von Namen und Funktionen *offizieller* Persönlichkeiten ist folgende Reihenfolge einzuhalten:

1.
Reihenfolge der Funktionen
Der Erste Sekretär des Zentralkomitees der SED,
der Vorsitzende des Staatsrates der DDR,
der Vorsitzende des Ministerrates der DDR,
die Mitglieder und Kandidaten des Politbüros und Sekretäre des Zentralkomitees der SED,
der Präsident der Volkskammer,
der Präsident des Nationalrates,
die Stellvertreter des Vorsitzenden des Staatsrates,
die Stellvertreter des Vorsitzenden des Ministerrates,
die Vorsitzenden der Blockparteien,
die Mitglieder und Kandidaten des Zentralkomitees der SED,
die Mitglieder des Staatsrates,
die Mitglieder des Ministerrates,
der Präsident des Obersten Gerichts,
der Generalstaatsanwalt,
die Mitglieder des Präsidiums der Volkskammer,
die 1. Sekretäre der Bezirksleitungen der SED,
der Oberbürgermeister der Hauptstadt der DDR,
die Vorsitzenden der Räte der Bezirke der DDR,
die Vizepräsidenten des Nationalrates,
die Vorsitzenden der Massenorganisationen,
die Stellvertreter der Vorsitzenden der Blockparteien,
die Staatssekretäre mit eigenem Geschäftsbereich,

die Generale der bewaffneten Organe,
die Leiter der zentralen staatlichen Ämter und Verwaltungen,
die Staatssekretäre,
die Stellvertreter der Minister,
die Vorsitzenden der Freundschaftsgesellschaften,
die Sekretäre der Bezirksleitungen der SED,
die Stellvertreter der Vorsitzenden der Räte der Bezirke.

2.
Persönlichkeiten, die mehrere Funktionen bekleiden, *nehmen den Platz* ihrer höchsten Funktion ein.

3.
Persönlichkeiten, die in gleichrangigen Funktionen einer Gruppe oder einem Gremium angehören, nehmen, sofern keine andere Regelung festgelegt ist, *ihre Plätze in alphabetischer Reihenfolge* nach den *Anfangsbuchstaben der Familiennamen ein*.

4.
Ist für einen Funktionär, der zur Zeit seine Tätigkeit nicht ausübt, der Amtierende Stellvertreter anwesend, so hat dieser seinen Platz *unmittelbar am Ende des Gremiums* (Gruppe), dem der Vertretene angehört.

5.
Persönlichkeiten, die in der Rangfolge nicht aufgeführt sind, werden entsprechend ihrer Stellung in der Gesellschaft und dem jeweiligen Anlaß *plaziert*.

6.
Auf unteren Ebenen (Bezirke, Kreise usw.) ist bei Veröffentlichungen analog dieser Reihenfolge zu verfahren.«

II
WELTORDNUNG (B)/KOMMA-REGELN
....

4.
»*Immer in Kommas werden gesetzt* alle Namen, die *in Verbindung stehen mit der Einmaligkeit* der Funktion, der Stellung, zum Beispiel alle Ersten Sekretäre der kommunistischen und Arbeiterparteien, alle Vorsitzenden von Parteien, Minister, Staatspräsidenten, Vorsitzende von Ministerräten, Amtierende Vorsitzende, Erste (1.) Stellvertreter, Oberbürgermeister usw. sowie zum Namen gehörige nachgestellte Titel, Ortsnamen usw.
Beispiele:
Der Erste Sekretär des ZK der SED, Erich Honecker, eröffnete die Tagung.
Erich Honecker, der Erste Sekretär des ZK der SED, eröffnete die Tagung.
Die LPG »Rotes Banner«, Reinholdshain, belegte den ersten Platz im DDR-Wettbewerb.

5.
Der Name des Vizepräsidenten, des Stellvertreters des Vorsitzenden, des stellvertretenden Vorsitzenden, des Kandidaten, des Mitglieds des ZK usw. wird *nicht in Kommas gesetzt*.
Beispiele:
Der Vorsitzende des Ministerrates der DDR, Horst Sindermann, empfing am Donnerstag den Stellvertreter des Vorsitzenden des Ministerrates der Volksrepublik Polen Jan Mitrega.
An der Tagung nahmen teil die Mitglieder des Politbüros des ZK der SED Werner Lamberz und Paul Verner sowie die Kandidaten des Politbüros Joachim Herrmann, Erich Mielke und Konrad Naumann.

6.
Vor aber, sondern, und zwar, nicht nur, auch, das heißt, zum Beispiel usw. steht immer ein Komma.« (???)

III
NATIONALHYMNE

```
____ _ ___
_ _ __ ___,
_ _ _ _ __ __,
__, __ ___.
__ _ _ _ _ __,
_ _ __ _ __,
_ _ _ _ _ ___,
_ _ __ _ _ _
__ __ _.


_ _ __ _ ___
__, __ ___!
__ _ _ _ _ __!
_ _ __ __ _.
_ _ ___ _ __,
_ _ _ _ __ _.
_ _ _ _ __ __,
_ _ __ __ _
_ _ __!


__ __, _ _ __,
_ _ _ _ _ __,
_ _ __ _ ___
_ _ _ __ __.
__ __, __ __
__ _ _ _ __,
_ _ __ __ __,
_ _ __ _ _ _
__ __ _.
```

(80; nach Dokumenten von 74)

Berliner Straßengespräch

Frau A: »... und wochenlang keine Post, wochenlang nichts, nicht mal'n Kärtchen! Wozu man die eigentlich großgezogen hat?« / Frau B. (nach einer längeren Pause): »Ja, und dann fällt ei'm auch noch 'ne Kohle auf'm Kopp!...« / Frau A.: »Da ha'm Se aber wirklich mal recht! Ehre, wem Ehre jebührt!« / Anmerkung: Kohle gleich Brikett.

(76)

Die Exzesse Bubi Blazezaks im Fokus des Kalten Krieges/Romanfragment

Muß es unbedingt vierundfünfzig, kann es nicht ebenso dreiundfünfzig sein (was dem Autor aus musikalisch-lautlichen Erwägungen viel lieber wäre)? Einundfünfzig auch will sich anbieten – wie nahe dieses Jahr der Jahrhundertmitte! –; und sechsundfünfzig?, *fällt mit Sicherheit flach*! Ein gewisser Senator McCharty oder McCarthy oder McArthur aus Wisconsin ist Präsident der Vereinigten Staaten oder will es wenigstens werden demnächst; ein Typ, aus dem Kurzwarenhandel hervorgegangen wie auch ursprünglich Bubi Blazezak, dennoch *vollkommen erledigt* für den Berlin-Münsteraner trotz dessen berühmter Weitherzigkeit, yes, *vollkommen unten durch* bei Bubi, dieser Joe McKackoderwas, seit man von verschiedenen Seiten hören muß, daß diese *kleinkarierte Knalltüte* wegen irgendeinem blöden Scheißdreck Bertolt Brecht, Bubis guten Bekannten, angeschwärzt, ja, verpfiffen hat – oder nicht? Auf Brecht vom Theater am Schiffbauerdamm läßt Bubi Blazezak nichts kommen, auf diesen sparsamen Menschen, *grundehrlich* dazu, der sich nicht einmal einen Zylinder oder Zweireiher leistet und um Familienfeiern (Beerdigungen, Hochzeiten, Kindstaufen) vermutlich einen riesigen Bogen zu schlagen gezwungen ist... (Bubi Blazezaks Schlußwort über McCarthy: »Der spinnt ja!, der spinnt! Aber meine Schwägerin vom Arkonaplatz hat ja auch einen Kurzwarenladen; ich sage Dir: So was von Verlogenheit gibt es auf der ganzen Welt nicht noch mal! Ich kenn mich aus im Kurzwarensektor, mein Lieber, und das aus dem EffEff... Kein Tag, an dem ich nicht dem Herrgott danke, daß ich da raus bin!«) Könnte es nicht auch im Sommer fünfundfünfzig sein? Das ist sicher: Der Kalte Krieg *läuft noch auf Hochtouren*; und für Bubi Blazezak wird er im wesentlichen in den Kneipen und Restaurants der Friedrichstraße geführt, abgeblasen alle Viertelstunde, wieder angefacht von irgendwelchen Idioten – und das alles eiskalt!, am faszinierendsten abgewickelt und abgespult im PRESSE-CAFÉ (vis-à-vis Bahnhof Friedrichstraße), dem unaufhörlich zwischen Spannung und Ent-Spannung schwingenden sogenannten PECE, Bubi Blazezak nicht selten mitschwingend, abwechselnd als CIA-Agent verdächtigt oder »red spy«, von einigen als *im Kommen begriffener Bühnendichter* betrachtet, von anderen als *gegangener Rezensent*, gelegentlich auch als Mannweib, Zwitterexistenz, Installateur...; kurz: Kalter Krieg, cold war! Um zum Kern zu kommen: Jedenfalls sind es die unvergeßlichen Monate, als im TAGESKINO im Bahnhof Friedrichstraße unter der S-Bahn der Kulturfilm AUS-THÜRINGENSWÄLDERN gezeigt wird, dem Naturschwärmer/Tierfreund Bubi Blazezak im WINDEI am Rosenthaler Platz dringlichst empfohlen von einem Greis/Rentner/Schrebergärtner Kurt Vonnegut *senior!*, wie er sich vorstellt – als dankbare Gegengabe nämlich für die Einladung zum gemeinschaftlichen Getränkeverzehr und ein nachdenklich-schönes Gespräch über *Perlhühner und deren Zwerge*: ein selten bewegender Film wäre das und unheimlich lehrreich zugleich, der unter anderem Hirsche enthalte! (Bubi Blazezaks Kunstfreundlichkeit: »Wenn ich länger als drei Tage nicht im Kintopp gewesen bin, dann bin ich kein Mensch mehr! Na, und die ganzen Schallplatten und die Schmöker! ... Man braucht ja andauernd Gesprächsstoff!«) Also nicht einundfünfzig und nicht zweiundfünfzig, Damen und Herren, auch dreiundfünfzig nicht – ganze vierundfünfzig Jahre seit Beginn dieses wunderbaren Jahrhunderts sind es, und zwar die späteren Nachmittagsstunden eines zu Paddel-Partien ermunternden Hochsommertags, Johannes R. Becher ist schon Kulturminister, angekündigt ist bereits für Kunst und Literatur »... *das prinzipiell Neue und der radikale Bruch mit der Tradition des Ministeriell-Administrativen*...«, freilich, Bubi Blazezak weiß nichts davon, wenn er in der siebenten Reihe der LICHTSPIELE unter der dröhnenden S-Bahn eine Pulle ADLERSHOFER WODKA sich zwischen die Schuhe klemmt, aus der er, der sich bald als ein Reisender fühlt, wenn auch einer *ohne Gepäck*, bei zu aufregenden Sequenzen AUSTHÜRINGENSWÄLDERN hin und wieder unauffällig-blitzschnell etwas in sich hineingießt – z.B. anläßlich einer überraschend aus Hagebuttengesträuch hervorgeschossenen Volkstanzgruppe, die *bis zum Exzeß* den bekannten Oberhofer Gewindewalzer ins Bild trägt ... Rasch die schon viel leichter gewordene Literflasche wieder in das Dunkel am Boden versenkt und von den Fußspitzen greiferhaft umklammert und nur nicht umkippen lassen!, was nicht wenig Geschick verlangt von einem Kinobesucher, der selber auch, ganz ähnlich der Flasche, eingeklemmt sitzt: nämlich zwischen den Knien, Ellenbogen, breit lachenden Händen einer Delegation von grünlich eingekleideten Förstern und Forstangestellten aus Zella-Mehlis und Oberhof, die unter den rollenden Rädern der S-Bahn das *Antlitz der Heimat* betrachten und tatsächlich mehrere Hirsche mit hochgedrehtem Geweih aus dem Wald treten sehen – »Hirsche!«, rufen sich die Forstbeamten aus Zella-Mehlis und Oberhof zu und stoßen Bubi Blazezak mit ihren dornigen Kniescheiben und der Eisenspitze ihrer Waldwanderstöcke und erklären ihm: »Hirsche!«

Ein Mann, der achtzehn- bis zwanzigmal verstohlen der Leinwand zugeprostet hat und dem Wald, ein Mensch, der über Thüringens Wälder mitreden kann, ein neu gewonnener Freund des sogenannten Grünrocks, ein reicherer Blazezak, ein *gewachsener* Bubi – sie alle betreten nur wenig später leise singend das PRESSE-CAFÉ, den bereits eingeführten beliebten Treffpunkt von Lustseuche einerseits, andererseits Journalismus, das Lokal mit der größten Ausstrahlungskraft und Streuweite in Berlin, ja, das PECE, den »Geheimen Fokus des Kalten Krieges sämtlicher Kontinente« (wie ein kluger Kopf irgendwo/irgendwie mal gesagt hat), die allseits geschätzte Brutstätte eines Kosmopolitismus mit patriotisch-persönlicher Note, einen Ort (ohne Tanzfläche leider), wo sich vielerlei Sprachen und Ideologien streifen, kreuzen und mischen, natürlich zuweilen auch mit dem Stuhlbein in der Hand gegenüberstehen, unversöhnlich und *im Grundsätzlichen fest* –: »Hello, boys!« ruft Bubi mit ungelenker, seinen Worten hinterhergeschleifter Zunge drei amerikanischen Korrespondenten aus dem AMI-SEKTOR zu, über welche mit verzeihendem Lächeln erzählt wird, daß sie sich regelmäßig im PECE auf billigste Tour einszusechs oder -sieben besaufen, außerdem sich gerne von Bubi Blazezak darüber informieren lassen – Bubi, *nachrichtendienstlicher Tätigkeit* frönend?, Bubi, ein Informant? –, wie seine *Stimmung* denn gerade so ist oder ob er die WODKA-KITTY mal wieder gesehen hat seit dem letzten Krawall... meistens ist es Bubi trotz seiner optimistischen Grundhaltung, wie allen bekannt ist, *ewig zum Kotzen* zu Mute und graugelblichgrün; wieder drüben in ihren Hotels, depeschieren die drei es *unabhängig* voneinander dringend an die NEW YORK HERALD TRIBUNE, die WASHINGTON POST, den SAN FRANCISCO EXAMINER, ein aufschlußreiches bedrückendes *Stimmungsbild* aus dem Fokus des Kalten Krieges, Durchschläge, bitte, an Melvin J. Lasky vom KONGRESS FÜR KULTURELLE FREIHEIT (Westberlin, London, Paris) – *Kofükufre*: wie die WELTBÜHNE (Nr. 28/52) in vernichtender Weise als Abkürzung vorschlägt, immer dieselben! – einen weiteren Durchschlag an Walter Lippman vom KOLUMNISTEN-ZENTRAL-OLYMP (*Kozenol*), außerdem eine kurze Inhaltsangabe, bitte, ein Aktennotizchen zumindest für den *Senator* (und das ist in den frühen Fünfzigern stets nur der eine, der »sündige Jupp aus Wisconsin«)... »Hello, boys!«, und Bubi Blazezak hält sich für die Dauer einer taumeligen Minute an dem fortwährend ins Ferne rutschenden schön kolorierten Marmortischchen der US-Presse fest – oder ist es das triefende Schnurrbart-, das glitschige Haupthaar dieser von ihren puritanischen Familien längst schon verstoßenen und enterbten *Reporter-Alkoholiker*, an das er sich hängt? –, mit zwölf, mit siebzehn, mit siebenundzwanzig auseinanderstrebenden Fingern: »Hello, boys!«, und gibt aus *nichts als Menschenfreundlichkeit* zu Protokoll, wie ihm an diesem wolkenlosen, vollmondbeschienenen Abend ums Herz ist: »Die Hirsche«, erläutert er, »die Hirsche machen einen doch ziemlich froh...« – leider nichts Weiterverkäufliches, oder doch?, ein Geheimcode? –, und Bubi Blazezak tänzelt, befriedigt von seiner Leistung, sanft lächelnd weiter und läßt sich nach mancherlei ähnlichen Abenteuern in der Tiefe der Lokalität auf einen recht günstigen Fensterplatz rutschen. (Bubi Blazezaks ideologische Standortbestimmung: »N'FELLOW-TRAVELLER bin ich, weißt Du, was das is'? Das is' 'n *Halbkommunist*! Und genau so fühle ich mich! So ganz blöd sind diese Amis nicht!«)

Wenn Bubi Blazezak nach einer circa drei Minuten langen selbstkritisch-strengen Gewissensprüfung – »Weshalb gehe ich mit jeder Pisse sofort an die Weltöffentlichkeit? Das ist ja nicht mehr normal!« – und nach einer hundertprozentigen Denkpause von einer Dreiviertelstunde endlich den Blick hebt, hängt er erfreut einem mittelgroßen, etwas aufgeschwemmten *feinen älteren Herrn* gegenüber, welcher, mit Schere und Kleistergefäß hantierend, mehrere meterhohe Stapel von Tageszeitungen und Kulturzeitschriften vor sich hingepflanzt hat, sechs bis fünf wackelnde Stapel, die sowohl aus der marmornen Tischplatte als auch rechts und links direkt aus dem Fußboden wachsen und hier und da schon Blüten zu treiben beginnen... -»Störe doch hoffentlich nicht?«, fragt Bubi, »ich bin Cinéast! Wenn ich störe, wechsle ich sofort nach drüben zu Käthe und ihren Stenzen am Personaltisch!... Hallo, Käthe, Käthe!... Hast du schon die Hirsche gesehen?« Käthe winkt nickend zurück, wenn auch *ausnehmend kühl*, und weist Bubi Blazezak mit gerunzelter Stirn auf den Auftritt des PECE-Personalchefs hin: »Ruhe! Ruhe!«, hallt die klagende Stimme des Schweißüberströmten ins Rund, »Nationalpreisträger Professor Franz Konwitschny soll sofort ans Dirigentenpult kommen... Bitte, *sofort* soll Nationalpreisträger Professor Franz Konwitschny die Sauftour abbrechen und ans Dirigentenpult kommen... *Herr* Nationalpreisträger Professor Franz Konwitschny, die Staatskapelle braucht Sie doch und Ihr Temperament... ah, der seidige Glanz der Streicher, die sprühende Beweglichkeit des Holzes, ah, und die niemals rohe Kraft des schmetternden Blechs, und ah, und ah...« Erbarmungswürdiges Schluchzen, ein plötzlicher Griff ans Herz, sensationeller Zusammenbruch mitten im Geschäftsgang, um gleichgültig von vier Köchen mit blitzenden Mützen zum GRILL hinübergetragen zu werden – das alltägliche Schicksal eines Personalchefs vom PRESSE-CAFÉ ... »Ja, ja, Conny Witschni«, wendet Bubi Blazezak sich wieder seinem Gegenüber, dem verschlossenen Zeitschriftengärtner zu, nur wenig eingeschüchtert durch dessen Heckenschere und Harke: »Ja, ja, olle Witschni aus der Linienstraße; das kann Ewigkeiten dauern, bis der sich mal meldet...« Doch der inzwischen bis an den Haaransatz verklebte Kollege (vom Ausschnittdienst eventuell?) bleibt auch dieses Mal stumm und fährt ungerührt fort, seine Zeitschriften und Zeitungen ab- und zu neuen Stapeln aufzutragen: einige der Blätter und Hefte sortiert er beim Hin und Her, Auf und Ab zufrieden lachend heraus und in einen *überdimensionalen* silbernen Spucknapf, um schließlich, die zweite oder schon dritte Verarbeitungsstufe?, aus den bevorzugten Presseorganen einen einzelnen Absatz, manchmal auch nur einen einzelnen Satz mit einer Sorgfalt herauszuschnibbeln und aufeinander zu schnetzeln, die Bubi Blazezak an beseeltgenaue Liebkosungen denken läßt, seine Spezialität. – »Pressefritze?«, fragt er vorlaut und unbeherrscht, »ich bin Fellow-Traveller! Gegen wen soll's denn dieses Mal gehen?« Der ältere Herr, nicht ohne *Züge von Imposanz*, blickt Bubi kurz an, lacht schließlich kurz auf, beides für Bubis Empfindlichkeit *tief verachtungsvoll.* – »Johannes R. Becher«, zischelt eine ungeschlechtliche Stimme von hinten in Blazezaks klingendes Ohr, »mach Dich nicht unglücklich, Bubi! Der Minister schneidet sich eine neue GoetheSchillerrede zurecht! Halt endlich den Rand, Blazezak!« Grübelnd blickt

Bubi den Mann mit der schnatternden Schere von oben bis unten an: Irgendwer muß ihm gegenüber den Namen schon einmal erwähnt haben – Bertolt Brecht? Aber so ist es schon immer in Mitte und Prenzlauer Berg: Jeder kennt jeden *um drei Ecken herum*, und keinen kennt man genau! Da kann man *ganz schöne* Überraschungen erleben – wie neulich mit Fiete, der einem Tag für Tag die Milch verkauft hat, bis er verhaftet wurde wegen neunfachen Gattenmordes, das Tier! Brunnenstraße .... naja! *Neugierig von Natur*, versucht Bubi Blazezak erneut den Schnibbler zur Gegenrede herauszufordern: »Stellen Sie sich die Mauer des undurchsichtigen Waldrands vor, und dann die Hirsche, die sich majestätisch vor ihm aufstellen wollen...« – Und wieder Gezischel von hinten, wie aus dem Hinterkopf Bubis: »Mensch, det is doch der jrößte Deutsche Dichter der janzen ersten Jahrhunderthälfte! Mann, Blazezak, dafür bist 'ne Nummer zu klein! Schieß in'n Wind!« Angriffslustig wendet Bubi Blazezak, o wie langsam! und o wie gefährlich!, sich um. Doch nichts außer einem Kleiderständer, kahl und unbenutzt, unbelaubt, steht hinter ihm und streckt seine Haken, nach Mützen und Sommermänteln züngelnd, trostlos ins Leben, und, wenn man an ihm vorbei in die Ferne blickt, die undurchdringliche Mauer des Deutschen Waldes, die wankende Woge und wackelnde Wand mit den zahlreichen Blättern und Blättchen des Demokratischen Sektors von Groß-Berlin, die flattern und rascheln und sirren, »Neues Deutschland«, »Tägliche Rundschau«, »Berliner«, die Organe der Blockparteien und Hunderte, Hunderte anderer Presseprodukte, zischelnd und säuselnd und summend, die rauschenden Kronen des Thüringer Mischwalds; und schwirrende Dialoge zwischen verschieden gerichteten Winden träufen durchs irisierende Grün, ernst-ernste Gespräche, durch die plötzliche Stille des riesigen Waldes betont und seltsam verzerrt –: Bubi Blazezak kippt verwirrt seinen DOPPELTEN SPEZI, saugt in einem Zug seine Flasche PILS leer – im PECE gibt es Bier nur in Flaschen –, beides vom eingeweihten Ober stumm vor dem Stammgast placiert, und bestellt mit schnalzenden Fingern *völlig versehentlich* und gegen eigenen Willen und eigentliche Absicht ein Neues: »Nochmaldasselbe, Kurt!« – Und woher dieser maßlos-matschige Mückenschwarm so *ur-plötzlich*, abwechselnd über dem blökenden Bierschaum der blazezakschen Molle kreisend und der feucht-nassen Halbglatze des in Selbstgespräche verwickelten Mannes gegenüber, einmal hier in Betrieb, einmal dort dieser Mücken-Brummkreisel – und ganz so, als setzte eine rätselvolle, *zusätzlich* unsichtbare Hand den Mückenschwarm einmal dort-, einmal hierhin... »Die sind ja besoffen!« Jetzt aber sind es nicht weniger plötzlich Hunderte rastloser Raupen, welche vor Bubis altweibersommerumsponnenen Blicken auf dem gleich saurer Sahne zerfließenden Marmor des Tischchens einherparadieren und sich mit ihren kaum vernehmbaren lispelnden Stimmchen fälschlich und niederträchtig als »Radieschen« bezeichnen; etcetera: Ameisenstaaten (Vertreterinnen der roh kaum genießbaren Roten Waldameise vor allem), Bakterienkulturen, schließlich von Maden wimmelnde Milchstraßen blühen unter den gleichermaßen ratlos wie gesittet gefalteten Händen unseres Helden krankhaft hoffnungsfroh auf und gehen mitleiderregend wieder zugrunde... – »O Untergang des Abendlandes«, philosophiert der *nun doch ein wenig nachdenklich* gewordene Bubi Blazezak seinem Gegenüber mitten ins müde Gesicht, »was tut sich in meiner Birne? Was ist nur mit Pappa los, Mister O'Hara?« – Das wäre besser unausgesprochen geblieben; denn – ohne den leisesten Hauch auch nur des geringsten Verdachts – hat Bubi das Stichwort gegeben, auf das ein Johannes R. Becher *im Augenblick* reagiert. -»So dürfen Sie nicht reden«, sagt Johannes R. Becher, »werden Sie erst einmal so alt wie ich und Brillenträger! Darf ich Ihnen mein neues Gedicht vorlesen?« Und ohne eine Antwort abzuwarten, zieht er das bereits eingetrocknete Manuskriptchen aus seiner inneren Jackentasche, der über dem Herzen, nennt den Titel (»Das Altersgedicht«) und rezitiert:

»Das Altersgedicht
Unterscheidet sich
Von den Gedichten
Meiner Jugend -
Die der Trauer gewidmet waren und dem Sterben,
Der Verzweiflung, der Trunkenheit –,
Von den Gedichten meiner Jugend
Unterscheidet sich
Das Altersgedicht
Dadurch,
Daß es der Jugend gewidmet ist,
Ihrer Kraft, ihrem Leuchten,
Ihrem *strebenden Bemühen*
Um den Frieden,
Um das Neue.«

(Und ein winziger Regenbogen über Bubi Blazezaks noch halbvollem wankenden Bierglas...) »Auf ein Neues!«, hat Bubi mitgeschunkelt und mitgesummt: »Jaja, wer immer strebend sich bemüht! Sie wollen meine ehrliche Meinung hören, Herr .....?« – »Becher! Ich bin für jede kritische Meinung dankbar, wenn sie nur Hand und Fuß hat! Für eine direkt aus dem Volk jedoch in besonderem Maß!« Bubi Blazezak, von der Entschiedenheit des Dichters beeindruckt und dem bescheidenen Ernst seiner Aufforderung in die Enge getrieben, fühlt sich indessen *plötzlich wie ganz woanders* und zögert, ehe er endlich spricht: »*Man müßte vielleicht häufiger Gedichte hören*, und nicht nur hören, sondern vielleicht auch lesen! DADURCH«, versucht er sich zu entschuldigen und betont das auch von Johannes R. Becher ausdrucksvoll hervorgehobene Wort aus dem Feuerwehrdeutsch, »*dadurch*, daß ich hauptsächlich Landschaftsbücher lese...« – »Es ist ein Epigramm«, wird Bubi von Becher unterbrochen, »das hat *neunzehnhundertfünfundsechzig* Professor Dietze/Leipzig eindeutig festgestellt und die bescheidenen Verse für seine DEUTSCHEN EPIGRAMME bestimmt! Derlei Besonderheit muß natürlich auch von Volkes Kritik, wenn sie ernst genommen werden will, berücksichtigt werden...« Aber Bubi Blazezak hört nur noch mit halbem Ohr hin: Was spürt er plötzlich ein Jucken zwischen den linken Zehen des rechten Fußes, so ein zapplig' Gezuck'! *Neugierig von Natur*, lugt er blinzelnd nach unten und muß verwundert erleben, daß aus dem Hosensaum rechts ein Fuß (samt Halbschuh) herausragt, welcher, auf die zwei brünetten Damen am Nachbartisch zielend, ungleich länger, breiter und dicker sich darstellt (herausstellt) als sonst, ein Fuß, der außerdem ständig weiterzuwachsen scheint, Wurzel über dem Weg, nur noch zwei bis drei Tage, und er wird hinübergewachsen sein zu dem rundlichen Damenknie, fetttriefend, drüben am Nebentisch, vielleicht an ihm festgewachsen, das froschähnlich-einladend glotzt, und dann zur Empörung aller den *Durchgang versperren*... »Man soll mich hier nicht verkackeiern!«, äußert Bubi Blazezak drohend und weithin vernehmbar. Die Antwort eines (mit Bubi Blazezak *seit Wochen* verstrittenen) Kellners über sechs Tische hinweg: »Üben Sie Disziplin, Mann!«, ein Befehl, der Bubis Fuß von einem Augenblick zum anderen wieder klein werden läßt wie ein jählings irritiertes männliches Glied – »*Dieser* Saloon ist ein *sauberer* Saloon, is det klar?« –, kleiner und kleiner wird er, und es ist noch nicht einmal Winter!, winzig wie Bubis kleiner Finger, zwergenhaft wie ein Taubenei, unscheinbar wie ein zerlutschter Sahnebonbon... »Man soll mich hier nicht verkackeiern!« Bubi wiederholt es lauter noch und schießt warnende Blicke nach allen Seiten, von denen einer Käthe, ein anderer die AMI-Reporter, ein dritter die Dame am Nachbartisch streift. – Und Johannes R. Becher steckt sein Gedicht *geschockt* wieder ein, erhebt sich mit einer abwehrenden Verbeugung zu dem zornigen Bubi Blazezak hin, läßt durch eine eifrig speichelnde Kellnerbrigade Zeitschriften, Zeitungen, Schere, Kleister und Pudelmütze an die Drehtür befördern, zuletzt die unverwendeten Zeitungsschnitzel *als Naturfreund* an ein Eichhörnchen verfüttern, das sich unter den Tischen des PECE herumtreibt, zutraulich dieses genug geworden, die Papierfetzen anzunehmen, die durch Bechers Hand gegangen sind und jetzt Makulatur. Bubi Blazezak gibt indessen, *immer noch durcheinander*, eine dritte Bestellung zu Protokoll: »Ein Großes Pils Und Ein Doppeltes Epigramm!« – »Sehr wohl! Mit oder ohne?« – »Lieber ohne«, entscheidet sich abwesend Bubi Blazezak, in das Schauspiel vertieft, wie Käthe, seine Uralt-Freundin Käthe beim Abgang des Dichters aufspringt und zu seinen Ehren ein Neues Deutsches Volkslied anstimmt: »Auf / Der Haite bliht ein tleines Blihmelein / Wummbumm / Unn taß haiß / Wummbumm / Äh- / Rikka / Wummbumm!« Johannes R. Becher *verhält* erschüttert den Schritt und bemüht sich um einige freundliche Worte: »*Das Liedchen ›Erika‹ (wenn auch in schlimmen Zeiten zu schlechten Taten gesungen) scheint mir wohlgelungen zu sein, und die verschiedenen Diminutive sind gerade durch ihre Häufung eher Karikaturen von Gefühlskitsch als Gefühlskitsch selbst. Keiner nimmt die ›leins‹, Kämmerlein, Blümelein, Mägdelein ernst, und doch rührt die Weise an unser Herz und läßt es mitsingen.*« – »Wummbumm!«, freut sich Käthe. »Laß doch jut sein, Katinka!, blöde Spritnudel du!«, will Bubi Blazezak flüstern, sackt jedoch statt dessen blubbernd in sich zusammen u. ä. ...

»Frei?«, wird Bubi zu seiner Erleichterung in diesem Augenblick von einem Ausländer angeherrscht: im Hinblick nämlich auf die zwei leeren Stühle an seinem Tisch. – »Frei! Frei! Frei!«, erwidert Bubi und deutet eine einladend elegante Kurvenbewegung der Rechten an, welche dem Vereinsamten zwei ganz ungewöhnliche Gäste beschert, wie sie sogar das PECE nicht an jedem Tag sieht: einen spindeldürren, kickrig hinkenden, von Blatternarben gezeichneten Mönch und eine pummlige und appetitliche Nonne mit rosigen Gesichtszügen, welche beim Sichniedersetzen verräterisch knackt (Drei Fragezeichen des Herausgebers: ???)... – Sie sind gerade noch einem mittelgroßen, eher kleinen, stachligen Herrn, gekleidet in eine Art militärischen Zivildreß, zuvorgekommen, der gleichfalls auf die freien Plätze spekuliert hat – für sich selber und die inzwischen vom Personaltisch verstoßene Käthe; und der herangespurtet ist *wie ein DKW*, ein sogenannter Deka-Wuppdich. – »Leider«, muß Bubi Blazezak ihm antworten, »Sie sehen ja selbst! Schon besetzt!«, um im selben Atemzug hochzufahren, wenn auch noch schwankend: Vor ihm steht Brecht vom Theater am Schiffbauerdamm, Bertolt Brecht vom BE, der eine *enttäuschte Schnute* zeigt: »Scheiße!«, sagt Bertolt Brecht, »und das ist hier so eine gemütliche Ecke!...« Und wiederholt dann die Worte, die er im Januar anläßlich der *Eröffnung* des neuen Kulturministeriums geprägt hat: »Es liegt jetzt bei den Schriftstellern und Künstlern, neue Initiative zu entwickeln, das heißt: KÜHNHEIT, PHANTASIE, WEISHEIT und HUMOR!« Und Bubi erkennend: »Ach, *Sie* sinds, Kollege Blazezak...« Bubi schüttelt mit beiden Händen schleudrig die beiden Hände Bert Brechts, Entschuldigung über Entschuldigung stammelnd: »Hätte ich das gewußt ... Eine halbe Sekunde früher gekommen... Doch leider, leider...« Bertolt »Engelficker« Brecht (56) blickt mißmutig, strafend auf den Mönch und die Nonne hinab, während der Mönch und die Nonne erwartungsvoll hinaufsehen, hoffend zu Bubi Blazezak, da Brecht wie nebenher fallenläßt: »Wissen Sie, Genosse Blazezak, ich hätte wohl leicht eine Rolle für Sie! Wenn Sie sich morgen früh um fünf bei Helene Weigel melden möchten! Damals, wie Sie uns den *schwarzen Draht* besorgt haben für den Mutter-Courage-Wagen, das vergessen wir Ihnen nie!« – »Um fünf?«, vergewissert sich Bubi und schüttelt bedauernd den Kopf: »*Zu meinem Leidwesen*, hier ist alles besetzt! Ich kann wirklich nichts machen!« – Brecht lacht m e t a l l i s c h und beunruhigend in die Nacht: »Hören Sie sich wenigstens mein neues Gedicht an, kürzlich an einem Tisch *wie diesem* geschrieben! Darf ich?« Und ohne eine Antwort abzuwarten, zieht er ein Manuskriptchen aus seiner Hintertasche – Becher trug, man erinnert sich, seines über dem Herzen –, nennt den Titel »Die Musen« und rezitiert mit zigarrengeschädigter Stimme den Text:

»Wenn der Eiserne sie prügelt
Singen die Musen lauter.
Aus gebläuten Augen
Himmeln sie ihn hündisch an.
Der Hintern zuckt vor Schmerz
Die Scham vor Begierde.«

»Trotzdem«, ermannt sich Bubi, »hier ist besetzt! Die andere Partei ist zuerst dagewesen! Das müssen Sie doch einsehen, wirklich, Herr Brecht!« Mit, wie es den Anschein hat, schwindendem Optimismus erkundigt sich Brecht: »Gefallen Ihnen die Verse denn nicht?« Bubi Blazezak hat naturgemäß bei Stichworten wie »Begierde«, »Hintern« und »prügelt« an Welta Dau und Malchen Murremaul, die Masochistinnen, denken müssen; er murmelt verlegen: »Naja, ein bißchen unanständig vielleicht! Aber dafür bürgt ja der Name Brecht!« Der Stückeschreiber lacht quecksilbrig und gefährlich ins Dunkel, entscheidet sich, welche Selbstüberwindung!, bei seinem Abgang in Richtung Käthe aber dann doch noch *für Freundlichkeit* und grinst Bubi zum Abschied zu: »Schönen Gruß auch an Ihre Lebensgefährtin Frau Heukenkamp-Schlenstedt!« Bubi grinst zurück: »Danke! Gleichfalls!«, läßt sich aufseufzend niederkrachen auf seinen Stuhl und wendet sich, an der Nonne schamhaft vorbeiblickend, zu dem blatternarbigen Mönch: »Sie sehen ja selbst…« (Man wird sie von hier und heute an mit anderen Augen lesen müssen, die wenig später und quasi in Versform vorgetragenen Erwägungen Brechts betreffs der Gestaltung seiner Grabstätte – ob sie berücksichtigt wurden, läßt sich leicht nachkontrollieren –: »Ich benötige keinen Grabstein, aber / Wenn ihr einen für mich benötigt / Wünschte ich, es stünde darauf: / *Er hat Vorschläge gemacht. Wir / Haben sie angenommen.* / Durch eine solche Inschrift wären / *Wir alle geehrt.*«)

Daß seine unforcierte Strenge und unsere geduldige Arbeit mit dem Menschen »brecht« imponiert hat, ist von Bubi Blazezak längst wahrgenommen, besser, erspürt: Die Pupillen der entflammten und merklich lebenshungrigen jungen Ordensfrau sind starr und glimmend auf seine (jäh erbebenden und heftig herausgestülpten) Lippen gerichtet, als wäre von der dreifach geschwungenen Linie, zumal der oberen, die Lösung ihrer Lebensproblematik abzulesen, ein neuer Lebensabschnitt, die Schlußphase ihrer Jungfräulichkeit. Nicht erst seit heute (weiß Bubi Blazezak nur kurze Zeit später), aber seit heute erst recht ist es die Absicht des erfolgversprechenden Mädchens, der überstrengen Diszplin eines Ordens den Rücken zu zeigen, welcher neben anderem das besondere Gelübde abgelegt hat – Bubi will seinen Ohren kaum trauen –, unter der Ordenstracht prinzipiell keinen Schlüpfer oder andersförmige Unterwäsche zu tragen – »Wollen Sie sich überzeugen, Sie guter Mensch!« Kein Zweifel jedenfalls, daß die Nonne tatkräftig-kühner Hilfe bedarf; und fraglos darf sie unter solchen Umständen *hundertprozentig* mit Bubis Beistand, mit Bubis Erfahrenheit rechnen: Blasenerkältungen sind ihm ein Greuel... Über den Kopf ihres wahrhaft düsteren Begleiters hinweg, eines Nonplusultra der Wachsamkeit sonst, hat man sich alsbald über Einzelheiten verständigt, was insofern nicht schwerfällt, als der blatternarbige Dunkelmann, eine Sprachbegabung mitnichten, ein einziges Idiom nur beherrscht, das Südwest-Macedonische nämlich, mit welchem er sich in Prenzlauer Berg und Mitte zur Not gerade noch in älteren Tabakläden orientieren kann... Ach, nur rasch dem knöchernen Zugriff von Monsignore entfliehen! Zu diesem Zweck spielt Bubi Blazezak zunächst einmal nur die Rolle des unverdient Harmlosen: »Robert Blazezak«, sagt er und deutet auf seinen charakteristischen Brustkorb: »Ich – Bla...ze... zak – verstähen?« Nickt er verneinend, der Blatternarbige, lächelt er ernst?, da er sich ebenfalls vorstellt?: »Putti di Nutti!« Währenddessen haben sich unterhalb der Tischplatte zwei der milchweißen Knie der Nonne und eines der eher morbiden und marmorbleichen Bubi Blazezaks gesucht und gefunden und signalisieren sich gegenseitig in Morseschrift: »Beim nächsten günstigen Augenblick – auf und davon!« (Von den beiden verschiedengeschlechtlichen Verschwörern ins Auge gefaßt ist wirklich das anspruchsvolle Monaco? Bubi soll wirklich mit dem Gedanken der »Republikflucht« gespielt haben damals? Man kann es schwer glauben!) *Oberhalb der Tischplatte* gaukelt der Wahl- und Urberliner dem macedonischen Gottesmann in Taubstummensprache (die er für eine Art Esperanto zu halten scheint) den *persönlich* am Ordensleben Interessierten vor und plaudert und plappert und plauscht, alles vollkommen lautlos... Der günstige Augenblick für unsere beiden Ausreisewütigen scheint gekommen zu sein, als an der fernen Drehtür wieder einmal eine der beliebten tumultuösen Szenen sich anbahnt, wie sie dem geselligen Beisammensein im PECE die entscheidende Würze zu geben bestimmt sind, ein vorerst bedauerlicherweise nur *mittelmäßiger Knies*, bedeutend genug indessen (da eine gepfefferte Prügelei für heute noch aussteht), um sämtliche Köpfe – CAFÉ WENDEHALS lautet der zweite Name des PRESSE-CAFÉS – hochrasseln zu lassen sowie herumsausen, um es poetisch zu formulieren: wie zwölf Dutzend Fliegenklatschen zugleich – – – Kein Geringerer als der schon eingeführte Johannes R. Becher ist es, welcher sich, seine klobige Brille als Waffe benutzend, durchgekämpft hat bis zur Garderobiere, dem PECE und vornehmlich Bubi Blazezak für heute ein letztes Mal seine Meinung zu sagen – siehe auch NDL 8/55! –, wie immer bei Becher historische, später von der Literaturwissenschaft der DDR gnadenlos in den Rang von Bibel-Stellen erhobene Worte: »Wir stehen«, ruft Johannes R. Becher seinen Gegnern, doch auch seinen Anhängern zu, »wir stehen auf dem Standpunkt, daß es *erlaubt ist, eine Meinung zu haben*...« (Starker Beifall zumal aus den hinteren Rängen) »Zum Beispiel, daß der Minister Becher schlechte Gedichte schreibt...« (Unruhe rechts und links) »Wenn diese freie Meinung *aufgehoben* würde, *dann* wären die Gedichte tatsächlich hundsmiserabel schlecht...« (Starker, lang anhaltender Beifall; alle erheben sich mit rätselndem Gesichtsausdruck von den Plätzen.) – »Immerhinque«, vernimmt man die halb-gebildete Antwort eines münsterländisch-berlinischen Männer-Organs; wie man sich denken kann: Bubi Blazezak!, welcher mit solchen Worten nun gleichfalls seine Meinung freimütig zur Diskussion stellt: »Na, immerhin!« (Heiterkeit unter den Säufertischen: Kurt Mühle und Konsorten?) *Verjuxt, verjessen, passé!*... Unterbrochen wird der leidenschaftliche Meinungsstreit – das Übliche!, mögen Unverständige murren –, gleichsam überrollt die vielversprechende Auseinandersetzung, da mehrere S-Bahnzüge gleichzeitig in die dröhnende Halle des Bahnhofs Friedrichstraße einfahren, außerdem, nach dem Persilgeruch zu urteilen, irgendein fauchender INTERZONEN-Zug (heute als TRANSIT-Expreß im Gespräch), höchstwahrscheinlich aus Düsseldorf-Kappeshamm, achja!, achja!, so daß ein seeschlachten-ähnliches Gegrolle, Gegrunze, Gedonner auf die Friedrichstraße hinabrollt (Becher ist, empört über derlei durch nichts zu entschuldigende prosaische Störung, lästernd verduftet), hinein rollt nur wenig später in das PRESSE-CAFÉ, wo jedermann (Becher ein Sonderfall auch in dieser Beziehung) es überaus dankbar entgegennimmt, das extraordinair – verheißungsvolle Rattatata, vor allen anderen naturgemäß die wilde Katastrophengeilheit eines Tutti di Frutti oder Caputti: knabenhafte Glückseligkeit das ganze spiralige Männchen!, spitzer Sadismus...

»Ja, ein Gewitter«, äußert vieldeutig und *bewußt irritierend* Bubi Blazezak, »ein Gewitter hat uns in solchem Zusammenhang just noch gefehlt – fern aller väterlichen Behausung! Wenn wir uns dranhalten, Schwester, schaffen wir es vielleicht gerade so eben bis zum PRESSE-CAFÉ! Kommen Sie, Schwester, schnell!« Und Bubi Blazezak saugt die Schwester Nonne, von Kennern Eulalia geheißen, aus ihrer *Sitzgelegenheit* hoch, schleift die Stolpernde, fast Stürzende hinter sich her, *zur Gänze männliche Unbedingtheit* mit einem Mal der sonst eher samtweiche Blatzi, schleudert sie hinein in die schmale Schneise zwischen den schmatzenden Tischen und hinüber zum breiteren Hauptwanderweg (»Sehen Sie, Schwester, das Rennsteig-Zeichen!«); und ohne Landkarte, ohne Kompaß, doch vor allzu ärgerlichen Umwegen glücklicherweise bewahrt dank Bubis untrüglichem Ortssinn, biegen sie auf die Kamm-Route ein, *schnicki-schnacki* hinwegsetzend über die Journalisten-Beine mehrerer Hemisphären wie auch die nylonbestrumpften, hin und wieder schon nadelnden Extremitäten des duftigsten Damenflors von Mitte und Prenzlauer Berg... Monsignore Putti di Nutti aber lauscht immer noch und *bis ins Tiefste* entzückt dem Grollen der S-Bahn nach – könnte nicht auch ein kleineres Seegefecht in Erwägung gezogen werden, ein sich mählich ins märkische Seengebiet verziehendes Geplänkel zwischen den schneidigen Kanonenbooten von Dahme und Spree? –, in das sich inzwischen ein gefeierter Baß-Bariton des nahe gelegenen METRONOM-THEATERS eingemischt hat, ein Schlagzeug, das bellende Steinschläge imitiert, eine ausufernd röhrende Hirschkuh... »Dort – durch dieses mächtige Felsentor zu unserer Rechten!«, ruft Bubi Blazezak Eulalia zu, »ein wenig riskanter zwar dieser Pfad!, dafür wesentlich kürzer...«; Bubi Blazezaks ausgestreckte Rechte weist auf die Garderobe des PECE und in die Dämmerungen und Waldungen hinter dem Garderobentisch, die manches Versteck bieten mögen; und schon ist der *ausgetrickste* Alpinist auf die wieder einmal von der Garderobiere allein gelassene Felsennase gesprungen, schon hat er sich gentlemanlike und hilfreich niedergehockt, um mit beiden Händen die Nonne zu sich heraufzuheben und hinüberzugeleiten zum rettenden JOHANNES-R.-BECHER-Plateau: – drüben in der sandigen und kaktusübersäten Ebene, die man hinter sich ließ, sieht man drei protestantisch eingestellte amerikanische Sensationsreporter ihren bösen Scherz mit Monsignore Putti di Nutti treiben, dem Vertreter des Katholizismus – »Fight for America! Fight for Blazezak!«, peitschen sich die drei zu allerlei Unarten auf –, nachdem sie den nur seiner Pflicht obliegenden Würdenträger mit Kaugummis an der Tischplatte festgeklebt haben – WRIGLEYS!, da hilft auch kein flehender oder kokettierender Blick in die Höhe, da bleibt Putti di Nutti nur das Geständnis seiner vollkommenen Ohnmacht, kontrastierend zu dem verworfenen Stolz in den von Weltekel und Sprachunkenntnis geprägten Zügen! (Übrigens kann Bubi Blazezak die drei AMI-Journalisten und Deutschland-Spezialisten ersten Ranges in *gewisser Weise* verstehen: Ständig dazu gezwungen, *dem Senator* Beweise ihrer Hörigkeit und unbefleckten Empfängnis zu geben und gegen ihre Neigungen, einem *allzu plumpen* Antikommunismus zu huldigen in ihren Artikeln, was bleibt ihnen denn als Exzess und *ansatzweise* geistige Impotenz? Haben die drei nicht Bubi Blazezak angefleht, ihren Antikommunismus *nur als Literatur* aufzufassen? Bubis Meinung über den Reporterberuf: »Arme Schweine eigentlich im Grunde ihres Herzens! Immer wie *unter dem Strich*!«) Bubi und die Nonne, von leisem Mitleid erfüllt für alle dort unten im Bodennebel und unschlüssig einen Moment lang und *wirklichkeitsfremd meditierend* – zur Entscheidung zwingt die beiden die *sauerstoffarme L'art-pour-l'art-Atmosphäre*, die sich unangenehm bemerkbar macht und das Husten (Bubi) und Hüsteln (die Nonne) spürbar erschwert. – »Gleich ist es geschafft!«, rafft Bubi sich auf und beruhigt die Nonne mit der Erklärung: »Der schwarzbraune Felsenspalt drunten sieht schlimmer aus, als es scheinen mag!« Und ergreift ihren Arm: »Kommen Sie, Schwester, ein bißchen Zivilcourage, ein bißchen Mumm!« Und die Nonne und Bubi haben sich wie ein Geschwisterpaar an den Händen gefaßt, wenn sie hinabhüpfen in die Garderobe, das Gewirr von Lodenmänteln, Aktenordnern und Aktentaschen, Gesangbüchern, Nuttenbeuteln, Einkaufsnetzen mit Rosenkohl, Westpaketen, Ostpaketen, zwei Aschenbechern mit immer noch schwelenden Zigarettenkippen der Garderobiere – und zusammenschlägt über den beiden Ausreißern eine rauch- und parfümgeschwängerte, stinkige Woge, von welcher die Nonne augenblicklich aus Bubis Gesichtsfeld gespült wird – »Eulalia! Eulalia!« – und, hoffentlich!, angespült und abgelegt wird an irgendeinem lieblichen Ufer; während Bubi Blazezak – was ist denn das? Eine tolle Gemeinheit! – auf einer Art Kohlenrutsche in die Tiefe hinabsaust und auf einem Transportband landet, das ihn ins rattendurchzischelte Dunkel unter der Friedrichstraße transportiert, in die geheimnisbetonte Welt der Kanalisation, hongkonglike, und in Sekundenschnelle in ein anderes Lokal – »Nationalpreisträger Professor Franz Konwitschny!« tönt es durch Gully-Ritzen dem Vorüberflitzenden nach, »bitte, sofort ans Dirigentenpult kommen! Herr Professor Nationalpreisträger Konwi...« –, und vorbei!, und durch Dunkel in Blitzesschnelle wieder ins Licht transportiert, in das blutrot getönte des exklusiven ZIGEUNERKELLERS, wo unser Held – ...

(76/77)

Zu einer Grafik von Max Ernst

A

Aus einem Brief von Karlheinz Barck an den Verfasser: »PS. Wenn Sie Lust haben, könnten Sie gelegentlich auf 1 Seite (& in welcher Form auch immer) notieren, was Ihnen zu der Zeichnung von Max Ernst einfällt, die dieser 1939 in einer deutschen Pariser Exil-Zeitschrift veröffentlichte. Wir hätten dann ein kleines surrealistisches Cadavre exquis ...« (Herbst 86)

B

1

Nein, das wird nichts, das wird nichts! Nimmermehr wird es dem Autor gelingen, ein Papierschiffchen oder einen Papierhelm zu kniffen aus diesem Zitat, entnommen dem Rechenschaftsbericht Josef Stalins an den XVIII. Parteitag; am 10. März 39 soll es gewesen sein; Stalin: »Im Jahre 1937 wurden Tuchatschewski, Jakir, Uborewitsch und andere Ungeheuer zur Erschießung verurteilt. Danach fanden die Wahlen zum Obersten Sowjet der UdSSR statt. Die Wahlen brachten der Sowjetmacht 98,6 Prozent der Stimmen aller Wahlteilnehmer. Anfang 1938 wurden Rosenholz, Rykow, Bucharin und andere Ungeheuer zur Erschießung verurteilt. Danach fanden die Wahlen zu den Obersten Sowjets der Unionsrepubliken statt. Die Wahlen brachten der Sowjetmacht 99,4 Prozent aller Stimmen der Wahlteilnehmer. Es fragt sich, wo sind denn hier die Anzeichen einer Zersetzung, und warum kam diese Zersetzung nicht in den Wahlergebnissen zum Ausdruck?« (Ein siebzehnjähriger Stalin-Fan: »Faszinierend diese volksnahe, einmalig schlichte Rhetorik! Ruckediguh, ruckediguh! Man glaubt ein Gedicht von Brecht zu lesen! Ruckediguh, ruckediguh!«)

2

Eingegattert in einen fünffach gezackten Gußeisen-Stern (auch ein roh zusammengezimmerter Brettersarg in der ungewöhnlichen Gestalt eines Fünfecks könnte es sein, in das man noch lebendigen Leibes eingespannt wird): Vogelköpfiges mit jungem Busen, fast Schlankes, die Arme zu kaum noch freiwilligem Tanz hochgehoben, oder ist das auch Maskerade?, von unten her oder hinterrücks umschlungen von Gallertartigem, Geblähtem, von häßlich geschwänztem Gedampfe, Gemampfe... Der Tanz des Kots mit der Taube, der Fäkalie mit der Irritation? Eine Kreuzigung im Dreivierteltakt des Staatlichen Volksinstrumenten-Orchesters und nach verschollenen Jugendstil-Mustern? Ebenso ließe sich an eine Vergewaltigung, an eine Hochzeitsnacht denken, ruckediguh, ruckediguh! (Ein Ehebett wäre das Fünfeck, der offene Sarg?) – Das also ist es, müssen wir entgeistert erkennen, für das wir uns ein halbes Leben lang schöngemacht haben, für das wir so viele Halsketten und Kostüme, Duftwässer, Redensarten und Schwämme geprüft. Ach, ich würde es gern den BALL DER BESTEN UNTER DER KELLERTREPPE nennen; nicht ganz zu verwerfen auch die Titel PARTEITAG DER SIEGER oder DER STERN DER GEBORGENHEIT; oder man nenne es einfach MAX ERNST SUCHT DIE FORMEL...

Max Ernst in Paris sucht die Formel, Max Ernst in Paris sucht die Formel, Max Ernst in Paris sucht die Formel, Max Ernst in Paris sucht die Formel, Max Ernst in Paris sucht die Formel; der bayrische Lyriker J. R. B. in Moskau – und in der gleichen Berichtsperiode – hat sie gefunden! Ja, laßt sie mich ein einziges Mal noch, ein letztes Mal sehen, ehe sie sekretiert werden, dieses Geburtstagsbillett samt stacheldrahtumwobenen Blumen- und Heftpflasterstrauß, diese sauberen Fingernägel des Knaben aus München, der seinen Knicks übt: »DU HEGST MIT DEINER STARKEN HAND / DEN GARTEN DER SOWJETUNION / UND *JEDES UNKRAUT RUPFST DU AUS* / DU MUTTER RUSSLANDS GRÖSSTER SOHN //

NIMM DIESEN STRAUSS MIT *AKELEI* / ZUM ZEI-
CHEN FÜR DAS FRIEDENSBAND / DAS FEST
SICH SPANNT / ZUR *REICHSKANZLEI*.« / *... schön
wie das zufällige Zusammentreffen einer Nähmaschine
und eines Regenschirms auf einem Seziertisch, da alle Not-
ausgänge verrutscht, alle Flugschneisen gründlich ver-
mint sind, ruckediguh!

(Oktober/November 86)

* *Anmerkung* Von dem gleichen Dichter stammen diese
1954 veröffentlichten poetischen Konfessionen: »... überall in der Sowjetunion wird man erleben, wie *tief innerlich*, wie organisch das Künstlerische mit dem Volksinter-
esse verbunden ist ... Angesichts dessen ist es geradezu
absurd anzunehmen, daß gewisse Schriftsteller ... irgendwie und irgendwann einmal in der Sowjetunion oder in
allen Ländern, in denen eine neue Gesellschaftsordnung
sich gebildet hat, mit Interesse rechnen können. Alle diese
Schriftsteller würden zusammen mit ihren Werken im
Frost der Interesselosigkeit elend zugrunde gehen, und selbst
ein *Naturschutzpark* oder ein *Museum*, beide künstlich er-
wärmt, würden sie nicht vor *dem Kältetod retten*.«

Vorbildlich schleimlösend/
Ostberliner Notizen 82

Smogalarm in Westberlin!, und das schon den zweiten Tag! – Aber soll das Giftgewölk einer anderen Welt *uns* auch noch die schöpferische Laune verderben? Die *durchgehende Alarmlosigkeit* in Sachen Smog, durch welche sich unsere Hauptstadt vorteilhaft unterscheidet vom drübigen Berlin-Bruchstück, vom Berlin des Senats, darf uns, was wenigstens diesen Punkt betrifft, beruhigt einschlafen lassen … *Am KuDamm fallen sie um wie die Fliegen!* – Wen juckt das, Madame? Wir haben schon genug *an unseren Menschen zu kauen*; wir haben andere Sorgen!, z.B., daß es dem Verfasser in diesem Spätherbst des Jahres 1982 immer häufiger tagelang nicht mehr gelingen will, auch nur einen einzigen Satz zu Ende zu bringen; und mindestens zwei bis drei Sätze in vierundzwanzig Stunden, die ihr Ziel, einen Punkt, ein Frage- oder Ausrufungszeichen erreichen, sollten es doch wohl sein: das Minimum, das ich brauche als Selbstbestätigung und im Interesse einer lebensbejahenden Haltung … Drei Pünktchen, die mich im Ungefähren versickern lassen, reichen bei weitem nicht aus! – Smogalarm in Westberlin!? Das ist doch nicht unser Bier, werte Postfrau, die uns, wie Ihnen bekannt sein dürfte, kaum zweihundertfünfzig Meter weiter westlich die sogenannte MAUER vom Kapitalismus und seinen störenden Auswüchsen trennt! *Mein* Kummer ist ganz und gar nicht ein ökologisch bedingter; mich, liebe Frau Kippenberg, beschäftigt, und quälerisch!, die *Lebensfrage*, ob meine Schreibehemmung, noch gestern wie für alle Zeiten, sich heute endgültig verzogen hat oder nur für kurz. (Freilich ist sie im Gegensatz zu der Formulierungsunfähigkeit, wie sie als zusätzliche Tortur meinen Pubertätsjahren beigegeben war, freilich ist sie dieses Mal auch körperlich spürbar: als ein schwer zu fangender, uneingegrenzter, randloser Schmerz, welcher jetzt träge, jetzt eilig die verschiedenen

Zonen meines Körpers durchwandert und im Laufe von vierundzwanzig Stunden schätzungsweise sechzig bis siebenzig Kilometer schafft, falls er es nicht vorzieht, in meinem Kopf eine längere Rast einzulegen.) Heute, glücklicherweise, *fluppt es wieder* (wie Judith K. den Vorgang des Schreibens bezeichnet), wenn auch die Schrecken des gestrigen Abends noch nachwirken wie Kartoffelschnaps... Nun ja, das alles, inclusive Schreibehemmung, dürfte uns kein unvertrautes Thema sein; in diesem, in unserem Fall ist es jedoch zweifellos etwas *Besonderes:*

Oh dieser ulkig verstockte, für die Jahreszeit viel zu kleister-ähnliche Dunst, wie er dicklich, wenn auch *vorbildlich schleimlösend*, besonders in der Lychener Straße, aber auch im unteren pappelallee-nahen Teil der Raumer-, weniger in der Gneiststraße schwärte; faszinierend allein schon dank der ungewöhnlich abgestumpften Farbwerte jener wie larmoyante Lebewesen sich gegenseitig quälenden Schwaden: Die Grundfarbe, zweifelsfrei, bemühte sich, ein maliziöses Mausgrau mit einem Stich ins Bavarois-Blaue zu werden – aber mit welchen Worten, und das Aufsatzthema ist mehr als verlockend!, dies alles dem Leser fühl- und faßbar machen?; mit welchen Adjektiven die Metamorphose der blutrot werbenden Leuchtschrift ZUM SCHUSTERJUNGEN vor allem, die in diesem sumpfigen, metallisch schmeckenden Dunst den spezifischen Farbton müde gewordenen, nur noch mürrisch mummelnden Propangases annahm? (Schwerer noch zu vermitteln der Anblick des schwärzlich gewordenen normalerweise azurblauen Signalements der in der Regel so liebenswerten Kneipe ZUM LANGEN ARM: verkommene Leuchtlettern, die man mit den nikotinverkoteten Zähnen teilweise weggefaulten Gebisses vergleichen möchte, eines Gebisses übrigens, welches trotz seines unlustig stimmenden Zustandes bierselig lacht ...) Wiewohl ich doch dieses Mal, mit dem stets offenen ROTBUCH-KALENDER des Rechercheurs vorzüglich im mittleren Teil der Lychener Straße postiert, ganz und gar unbehelligt blieb von den sonst üblichen mißtrauisch-schrägen Blicken und Bemerkungen wie »Paß man immer jut uff!« und »Junge, verpfeif der, verfatz der!« (das gestrige Gebaren der wenigen Passanten schien auszudrücken: Wir haben andere Sorgen!) – kein einziger Satz!, kein einziger vollständig ausgeführter Satz!, kein einziger zumindest, welcher der keimartig in ihm angelegten Länge gerecht ward! Statt dessen hustete man einen seelenlosen Batzen häßlich geformten Schleims in das arme Notizbuch, welcher einen wohl lange noch an diese deprimierende Situation zurückdenken läßt ... –

Am späteren Nachmittag Flucht in die Lektoratsarbeit, wie sie mir von mitleidigen Herzen zugeschanzt worden ist – »zugeschanzt«, ein Wörtchen, über das sich auch lange nachdenken läßt –, zusammen mit jenem in den späten Siebzigern vom Leitungskollegium eines führenden DDR-Verlages ausgetiftelten Fragenkatalog, welchen Binnen- wie Butenlektoren bei der Herstellung »literarischer Gutachten« immer im Sinn zu behalten haben und so nahe wie möglich der skribbelnden Kritiker-Hand: – »1.1 Hat Dich das Manuskript interessiert? (Ist es spannend, *ergreifend*, humorvoll, informativ, bildend?) / 1.2 Ist das Manuskript aus stofflichen Gründen interessant? / 1.3 Beherrscht der Autor seinen Stoff? Hinweise auf Lücken und Fehler! *(Wuchert der Stoff?)* / 1.4 Gibt es *unglaubhafte*, geschmacklose bzw. *allgemein bedenkliche* Details? // 2.1 Wie ist der *Wert des Themas*? / 2.2 Was ist die Absicht, das *Grundanliegen des Autors*? / 2.3 Was ist die Tendenz? Ist sie aufgesetzt oder organischer Bestandteil der Handlung? / 2.4 Besteht eine Differenz zwischen Intention des Autors und der Ausführung? / 2.5 Realisiert sich der *erzieherische Wert* didaktisch oder *künstlerisch-politisch*? (Vorbildwirkung, *Abschreckung*, Aufklärung, *Denkanstöße*?) / 2.6 Welches Bild von der Realität und den Menschen wird vermittelt? (*Verklärung*, Einseitigkeiten, Idealisierung, Romantisierung, Schwarz-Weiß-Malerei, *realistisches* Bild?) // 3.1 Gibt es eine *Zentralgestalt*? (Hauptcharakteristikum.) *Identifikationsmög-*

lichkeit? / 3.2 Hat das *Manuskript einen zentralen Konflikt?* (Motivierung? *Wird er gelöst, wie wird er gelöst?*) / 3.3 Ist das Personenensemble *übersichtlich* und *ausgewogen*? Wie ist das *Verhältnis der Haupt- zu den Nebenfiguren?* / 3.4 Wo handelt die Zentralfigur *unverständlich?* / 3.5 Wo handeln andere Gestalten *unmotiviert?* // 4.1 Ist die Geschichte klar motiviert und übersichtlich aufgebaut? Gibt es eine *runde Geschichte?* / 4.2 Ein- oder vielsträngige Handlung? Episodischer Aufbau? / 4.3 Ist die Komposition *übersichtlich* und *logisch?* / 4.4 Gibt es Längen? (Wo sollte man kürzen?) / 4.5 Ist das Manuskript handlungs- oder reflektionsbetont? // 5.1 Erzählform (ich/er?). / 5.2 *Wie ist das Verhältnis von Erzählperspektive und Autorenhaltung?* // 6.1 Charakterisiere Sprache und Stil/Stilebene! (Klischeehaft, *anschaulich*, maniriert, oberflächlich, salopp, *altfränkisch*, Jargon?) / 6.2 *Grundsätzliche* Stärken, Schwächen, Eigenheiten des Stils. / 6.3 Was sollte stilistisch verbessert werden? // 7.1 *Wie ist die Traditionslinie zu bewerten,* in die sich der Autor bewußt oder unbewußt stellt? // 8.1 Welche Lesergruppe wird dieses............«

Es war der Tag (um auch das zu vermerken), zu dessen »Ausklang« mir dank einer der so seltenen prä-alkoholischen Erleuchtungen von einer Minute zur anderen bewußt wurde, wo die *eigentlichen Schuldigen* für meine (hier und da recht beifällig aufgenommene) Schreibehemmung zu suchen sind: unter den Satzzeichen nämlich ...Ja, meine wachsende wahnhafte Abneigung gegenüber einigen besonders extremistischen Satzzeichen ist es, welche meine arglose Schreibehand in immer kürzeren Abständen lähmt; vom Verfasser, wie jedermann weiß, schon sparsam genug verwendet, sind es doch immer noch viel zu viele. – Essen Sie eigentlich immer Käse im Unterricht, Schramm? Könnten Sie sich nicht endlich mal für die Mongolische Feiertagsmaden-Platte entscheiden? – Ein Ekelgefühl der Sonderklasse erfaßt mich seit einiger Zeit vor allem beim Anblick der idiotischen Ausrufezeichen, wenn sie eines nach dem anderen aus diesigem Nichts herbeigestapft, herbeigetorkelt kommen, um sich sodann zu Dritt, zu Viert, zu Fünft zu einem unschönen Sperr-Riegel aufzustellen, als wären sie Abgesandte der Ordnungsgruppen der FDJ. Doch die Fragezeichen stoßen mich neuerdings kaum weniger ab, diese wurzellos sich windenden Bandwürmchen, diese Seepferdchen-Karikaturen, unter sich das kleine Pünktchen schamlos vergossenen Kots. Was indessen die Semikolons betrifft, so habe ich, es hat ja lange genug gedauert, endlich und glücklicherweise noch vor Weihnachten gut begriffen, daß ein Halb-Semikolon bestenfalls ein Komma darstellt, schlimmerenfalls einen Punkt (also *Massenware par excellence*): Welch halbgares Zwitterwesen!, und wie es sich wichtig und interessant zu machen versucht zumal in der Prosa – doch in der Lyrik kaum weniger – der letzten sieben bis acht Dezennien, gelt?... Am besten, man schriebe gleich manchem der sogenannten »Modernen« vollkommen satzzeichenlos! – *Smogalarm in Westberlin!?* Daß ich nicht lache! Wahrlich, mich bewegen bohrendere Fragen, z. B. die von Stunde zu Stunde schrillere: Wie werde ich endlich der Satzzeichen-Plage, dieser inzwischen den Himmel, wenigstens *meinen* Himmel verdunkelnden Schwärme der Satzzeichen Herr? Zurück zu Sardanapal!!! – Anderen Kollegen, so hört man, ergeht es freilich kaum besser als mir!: Ein qualvoll-quälerisches Hin und Her und Vor und Zurück, als suchte jedes irgendein Hintertürchen oder den Notausgang – und führe er sogar ins kapitalistische Ausland... (So leitet sich unser *zeitweiliger Verlust* des vielversprechenden jungen Autors Günter »Pussycat« Kunert, heute wohnhaft in Kitzbühel oder Cuxhaven, präzis von dem gleichen Mißerfolgs-Erlebnis wie dem des Verfassers ab – nach Kunerts eigenen vor der überstürzten Abreise oft wiederholten Worten: »Ich bringe unter diesen Umständen keine einzige wertbeständige Zeile mehr zu Papier!« Ob es in Itzehoe oder Iserlohn wieder einigermaßen fluppt...?) Welch belastendes Bild, welch enervierendes Panorama: Die *einen* sich einkrustend wie in ein Schneckenhaus bis hin zur hundertprozentigen Unzugänglichkeit, die sie immer undeutlicher werden läßt und gleichsam verschwimmend dem Blick des »Normalbürgers« oder Kleinen Manns auf der Straße; die *anderen* ausschwärmend gleich einem desorientierten Bienenvolk bis hin zu den Zentren des internationalen Mädchen- und Räucherstäbchenhandels, bis hin zu den mätzchenhaften Bade-Exzessen bei Hollywooder Swimmingpool-Parties (Stichwort: Heiner Müller), bis hin zu den magischen Bräuchen der Ureinwohner Polynesiens undsoweiter; die *dritten...*, die dritten..., die dritten.......... Ob eine Große Zeit des Sozialistischen Kunstmärchens vor der Tür steht? (Das sollte doch wenigstens nach all dem herausspringen dürfen; dann hätte das alles doch noch seinen wie auch immer zu bewertenden Zweck gehabt.)

»My little horse must think it queer / To stop without a farmhouse near / Between the woods and frozen lake / The darkest evening of the year...« – Und es ist vor einer Ampel, die Rot anzeigt, wo ich endlich verharre, jene in Neu-England entstandenen Reime Robert Frosts, das Lieblingsgedicht Robert F. Kennedys, in mir, und auf die Farbe Gelb zu hoffen wage und dann vielleicht, was des Guten schon fast zuviel wäre, Grün: So ist die Situation!, besser könnte sie *momentan* nicht beschrieben werden! – Drei Minuten später wird sie sich um Nuancen verändert haben, wenn rechts und links die Leute einzeln und in Grüppchen – und dank Peter Altenberg *naturgemäß* – »umfallen wie die Fliegen«; der Verfasser scheint ausgenommen, der Verfasser steht noch und steht in Erwartung mit noch drei anderen Herren ungefähr seines Alters (kurioses Detail), mit *zweien,* genau gesagt (der eine ist in Sekundenschnelle, dabei vollkommen regungslos, soeben auf sein schiefes Vollbartgesicht geplatscht); ich stehe noch, ich scheine *irgendwie* stehen zu bleiben, mehr noch, ich scheine *fliegen* zu wollen; Menschenskinder, ein Maikäfer im November?; du hast woll'n Ding ze loofen; ich flügele steil nach oben... –

a) Elke Erb: »Die Realität hat versagt...« – Gut gegeben! b) Andererseits Bert Papenfuß-Gorek: »unter uns, der überbau läßt nach...« – Also, wat denn nu *jenau???* (Drei Frage-, die sich unverhofft zu drei Ausrufungszeichen hochstraffen könnten!, nicht wahr?)

(82/86)

Werbung für das Rote Kreuz

Thomas Heubner im FORUM 5/82: »›Man hat gesagt, die Freiheit entsteht dadurch, daß man sie sich nimmt. Nehmen wir uns zuallererst die Freiheit, für den Frieden zu arbeiten.‹ *Worte* Bertolt Brechts. Für uns sind sie nicht nur ein Credo, sondern von historischer *Verbindlichkeit.*« – Otto im CAFÉ MOSAIK: »Jedenfalls Wort für Wort noch Worte...«

Thomas Heubner in dem gleichen Artikel: »Die Bereitschaft, sich als *ROA* bzw. *ZV-Führungskader* zu qualifizieren, der Kampf um beste Ausbildungsergebnisse in den *MQ- und ZV-Lagern*, die Arbeit in den *FDJ-Ordnungsgruppen*, in der *GST*, im *VP-Helferzug* oder im *DRK* ... Genau hier nehmen wir uns beim *Wort*, wenn wir von unserer Friedensliebe sprechen.« – Otto: »Wort?, Wort?, Wort?, wieso Wort?«

(82)

Ostberliner Gör Ende der Siebziger

Aus einem Schulaufsatz BEGEISTERT VON BERLIN der etwa fünfzehnjährigen J. K. (Berlin/DDR): »…Natürlich müssen Sie auch auf den Fernsehturm, aber wenn Sie wieder unten sind, vergessen Sie nicht, Ihren Kindern eine kleine Klettertour auf die *fächerartigen spitzen Ausläufer* des Fernsehturmrings zu gestatten. Ihr Kind wird Ihnen diesen *Ausbruch* danken, und *viel Strafe müssen Sie in Berlin nicht bezahlen*…« // »…Gehen Sie nur immerfort weiter und spazieren Sie ›Unter den Linden‹ entlang, vorbei an Scharnhorst und Gneisenau, an Schlüters Köpfen sterbender Krieger und an einigen gut restaurierten Palais bis hin zum angestrahlten Brandenburger Tor. Hier heben sich die Silhouetten *irgendwelcher Reichstagsgebäude* dunkel vom Himmel ab, und hier hoppeln Kaninchen vorbei, denen es gleichgültig ist, ob man bezweifelt, daß *jenseits des Tores auch Leben* existiert…« // Ein über den Antifaschistischen Schutzwall von ›drüben‹ hergeflogener Zeitungsausschnitt: »Der auf China-Reisen spezialisierte Studienreisenveranstalter Marco Polo Reisen GmbH Kronberg/Taunus… legte seinen 26 seitigen Sonderprospekt vor. Mit 65 Reiseterminen in das ›Reich der Mitte‹ handelt es sich um das größte Chinareisen-Angebot auf dem *deutschsprachigen Reisemarkt*. Die unterschiedlichen Reiserouten innerhalb Chinas enthalten neben den *bewährten Reisen* ›Zentren Chinas‹ auch bisher von Ausländern kaum besuchte Gebiete wie *Tibet, Sinkiang, Fukien, Innere Mongolei, Szetschuan und Yünnan*. Andere Reisen bieten Höhepunkte wie eine dreitägige Schiffsreise auf dem Jangtse-kiang…« Etcetera. // Aus dem Schulaufsatz BEGEISTERT VON BERLIN von Judith K.: »Noch einmal zurück zur Museumsinsel. Ein Glück nur, daß Sie Ihre Kinder nicht dabei haben, die würden darauf bestehen, einen der Rettungskähne benutzen zu dürfen, die hier überall mehr oder weniger leck herumschwimmen. Na, was ist? Das kostet Sie diesmal mehr Strafe, *aber es ist ein Erlebnis...*« // Randbemerkung der Lehrerin, rote Tinte: »Ist zum Brandenburger Tor nicht *mehr* zu sagen?«

(80)

H wie »Humanes Verhalten«

Die Kritikerin R. S. in der Zeitschrift TEMPERAMENTE (4/80): »Es ist eine Wahrheit, daß *humanes Verhalten* nicht *nur* an Institutionen delegiert werden kann. Sie heben die *Verantwortung* und die *Möglichkeiten* des einzelnen nicht auf.« – Diskussion im CAFÉ MOSAIK:... Otto: »Bißken muß man schon auch noch selber tun!« – Fritz: »lmmer Mensch bleiben, sage ich immer!« – Kalle: »Obwohl die Ämter und sonstigen Behörden wirklich 'ne Menge tun, um dem Bürger das alles abzunehmen und Eigenbau zu ersparen!; wat?« – Otto: »Allerdings sollte man auch den Institutionen zu verstehen geben, daß sich der Kunde diesbezüglich nicht allzu übertriebenen Hoffnungen hingibt...« – Fritz: »Richtig!; wenigstens 'n bißken Eigeninitiative sollte für jeden noch übrigbleiben...« – Kalle: »Schon aus Gesundheitsgründen...« – Zwischenruf eines namenlosen Intellektuellen: »Die Zeiten, da man total auf humanes Verhalten verzichten kann als Einzelner, die wollen erst noch erkämpft sein!« – Fritz zum wütenden Kellner, der über Kalles bis zum Nachbartisch ausgestreckte Beine gestürzt ist: »Immer Mensch bleiben!, sowat kennste woll nich, du Wildsau!« – Kalle, der die Beine noch weiter ausstreckt: »Ick hau dir nach Betriebsschluß durch 'n Gully, wenn du jetzt nicht die Schnauze hältst...« – Otto: »Man kann ja nicht allet unsere Institutionen überlassen, wat?«

(82)

Brunhilde Humperdinck/
Materialien für eine Biographie

Bruni Humperdinck (1921 bis 1989), Balletteuse, Diseuse, Schlager-Poetessa bzw. »Textöse«, Hunde-Liebhaberin: Wer hat nicht noch, falls er zur älteren Generation zählt, das sagenhafte Schunkellied vom Mais im Ohr, zur Unterstützung des sicher von guten Absichten zeugenden Chruschtschowschen Maisfimmels gedichtet und von Freddi Schöps, dem »Herbert Roth des Berliner Heimatliedes«, in äußerst schlichte Töne gesetzt: »Der Mais, der Mais, das ist ein strammer Bengel! / Der Mais, der Mais, das ist die Wurst am Stengel!«? (Authentisch Bruni!, werden die heute Fünfzigjährigen murmeln: Das ist sie, wie sie leibt und lebt! Und immer klingt irgend etwas reichlich Unanständiges in ihrem *volksliedhaften Schaffen* mit, die reinste Sappho!) Allein schon wegen dieser und ähnlicher Leistungen müßte der prominenten Berlinerin und Freundin Bubi Blazezaks ein mahnendes literarisches Denkmal gesetzt werden (am besten im essayistisch-biographischen Stil des humperdinckschen LEBEN UND WERK DER MIREILLE MATHIEU wie auch gelegentlich in dem ihrer glänzenden Streitschrift PRO ELVIS CONTRA JERRY LEE LEWIS verfaßt). – Da mir z. Z. meine Abgeordnetentätigkeit u. ä. nur relativ wenig Zeit läßt – wer mit 98 Prozent aller gültigen Stimmen gewählt wird, sieht sich natürlich in mindestens achtundneunzigprozentiger Weise verpflichtet –, da ich z. Z. also *anderwütig* zu Gange sein muß, hier vorerst nur einige grundlegende Materialien, die einer gründlichen Ausarbeitung vorausgeschickt seien:

Am besten, man läßt die (intendierte) Biographie mit einem Paukenschlag beginnen – gekonnt ist gekonnt! –, nämlich mit Brunhilde Humperdincks (vermutlich altersbedingten) Vorschlag in den Achtzigern, die ganze große

Volksarmee (inclusive Luftflotte und Marinegeschwader) unserem gerade erst gegründeten KOMITEE FÜR UNTERHALTUNGSKUNST zu unterstellen, ohne daß ihr die jüngst vom Stellvertretenden Kulturminister Hartmut König erhobenen Forderungen bereits bekannt gewesen wären – NEUES DEUTSCHLAND vom 1. Februar 1989 –, daß »unsere sozialistischen Positionen in Kultur und Kunst *in den Kämpfen unserer Zeit* gegen alle Angriffe verteidigt und weiter ausgebaut werden müssen«, Forderungen, die einen ja geradezu *automatisch* an ein stacheldrahtbewehrtes Grabensystem mit den dazu gehörenden »Grabenkämpfen« denken lassen... Brunhilde war weniger von Hartmut König als vielmehr von dem vielleicht zentralsten Werk der Breshnew-Ära zu ihrem »Verbesserungsvorschlag« animiert worden, dem bekannten von Generalmajor Prof. Dr. phil. A. S. Milowidow und Oberst Prof. Dr. phil. B. W. Safronow (im Wodkarausch?) zu Papier gebrachten DIE MARXISTISCH-LENINISTISCHE ÄSTHETIK UND DIE ERZIEHUNG DER SOLDATEN, einem circa dreihundert Seiten zählenden Werk, das u. a. mitteilt – wir folgen der 2. zu Beginn der Achtziger in unserem Militärverlag erschienenen Auflage –: »Neue Forderungen werden auch an die moderne Kaserne gestellt. Vielleicht ist sogar schon die Bezeichnung Kaserne veraltet. Und wenn ein solches Wort heute noch gebräuchlich ist, so ist es eher ein Tribut an die Vergangenheit. Heutzutage ist die Kaserne zu einem *Ort der Erholung* und *kulturellen Freizeit* der Soldaten, zu einem Zentrum ihrer Erziehung im Geiste des kommunistischen Zusammenlebens geworden...« Und das Tun bzw. Geschehen auf den Höfen dieser »Kasernen« kann man, wozu vor allem ein Teil des Offiziers- und Unteroffizierskorps neigt, als modifizierte Estrade auffassen? Gisela Oechelhäuser, die Kabarettistin und Vizepräsidentin des KOMITEES FÜR UNTERHALTUNGSKUNST, hat den Gedanken 1985 bereits im SONNTAG zumindest anklingen lassen und auf ihre Weise »Humpis« Vorschlag den Boden bereitet: »...ist der erste Wert die Erhaltung des Friedens und *damit* die Erhaltung des Lebens. Wobei ich glaube, daß die *Verteidigungsbereitschaft* nicht nur aus Angst vor der *Bedrohung* kommen kann. Zu einem guten Teil leitet sie sich her aus der *Lust am Leben*...« Man sieht, daß Brunhilde Humperdincks Plan keinesfalls ganz und gar überraschend und aus heiterem Himmel gekommen... –//– Jawohl, LUST AM LEBEN ist es zu einem guten Teil, die uns zu den Waffen eilen läßt bzw. in mehr altfränkischer Manier »zur Fahne«; freilich äußert sie sich in der unterschiedlichsten Weise. Zwei der beliebtesten »Kameradenscherze« (nach Auskunft der Söhne von G., Offiziersschüler beide): 1. MUSIC-BOX – auch hier wieder die Beziehung zur U-Kunst –, welche so funktioniert, daß man den oder jenen in sein Spind einsperrt und so lange singen läßt, singen, singen und singen, bis er...; 2. SCHILDKRÖTE, ein besonders lustiges Spiel, bei welchem einer der »Kameraden« gezwungen wird, sich auf den Fußboden hinzukniehen, sich zu bücken und sich so lange von den Schlange stehenden Wehrdienstfreudigen in den armen Hintern treten zu lassen, bis... (Elke Erbs Kommentar: »...aber das deutsche *Volk* bleibt!«) Ja, eigentlich müßte sich doch derlei Jokus geradezu nahtlos einfügen lassen in das Programm so manchen »bunten Abends« in den Ferienheimen des FDGB ... –//– In diesem Zusammenhang erinnert man sich selbstverständlich sogleich des Umstands, daß auch die Hundefreundin Bruni Humperdinck in den Dezennien davor bereits wenigstens zeitweise auf diesem Felde der Ehre tätig gewesen ist, und zwar als »Betreuerin« eines Zirkels Schreibender Soldaten, aus welchem u. a. jene Texte hervorgegangen sein mögen, wie sie uns damals die ARMEERUNDSCHAU 7/81 beschert hat... NACHTLIED: »Der Mond ist aufgegangen, / die goldnen Sternlein prangen / am Himmel hell und klar. / Der Wald steht schwarz und schweiget / und aus dem *Dunklen* steiget / die *blonde Rosie* wunderbar. // Sie kommt zu mir gegangen, / die *goldnen Äpfel* prangen / *in ihrem Negligé*. / Mit *langen Beinen* steiget / sie in mein Bett und schweiget – – – / Da weckt uns laut der UvD: / ›Kompanie, aufstehn!‹« (Ach, unsere Juch'nnt, die Kinder der GEBIL-

DETEN NATION Alfred Kurellas, die GARANTEN UNSERER ZUKUNFT!) Ein zweites Beispiel, das Lied »WER REITET...«: »Wer reitet so spät durch Nacht und Wind, / wenn alle schon in der Heia sind? / Das ist *Ramona, das süße Kind,* / und ihre Schwester, die *Rosalind.* / Sie reiten des Nachts, wenn alles pennt – / das *MM-Reiterregiment.*« – Was »MM« bedeuten mag? Matthäus Müller? Eines ist unverkennbar: Der Deutsche Soldatenhumor *lebt*!, und kaum verändert seit.... ichweißnichtwann! (Sie sehen, es geht auch so, Genosse Volker Braun, und ohne ständig DIE LETZTEN TAGE DER MENSCHHEIT hinauszuposaunen!)... –//– Soweit der Paukenschlag – mit anschließendem Trommelwirbel; letztendlich wohl doch der Debilität der alternden »Humpi« zu danken als ausgeprägter Experimentierfreudigkeit.

(Aus dem Zettelkasten B. Humperdincks:) – »BZ vom 23. 10. 81: ›Schon mit 15 Monaten kann ein Hund *die erste Prüfung ableg*en. *Fährtenarbeit, Unterordnung* und *Schutzdienst* sind die hauptsächlichen *Ausbildungsrichtungen*...‹«

Nein, Experimente nicht!, gewiß nicht!; aber eine gewisse künstlerische Schein-Kühnheit, zuweilen sogar kaum kaschiert, zweifellos! – So kam sie immer wieder gern auf die ERSTE KONFERENZ DER LAIENTANZMUSIKER zurück, die Ende März 1962 stattgefunden hatte und auf der ein »führender Herr« von der Kulturabteilung der SED die gegen den sogenannten West-Schlager abgrenzenden und gleichzeitig aktivierenden Worte geprägt: »...Ich möchte darauf hinweisen, daß *zum Beispiel* die Lieder, die Schlager, die *unter anderen* die Comedian Harmonists gesungen haben, *zum Teil* Ausdruck der Lebensgewohnheiten, der *Sitten und Gebräuche der werktätigen Menschen* sind. Ich erinnere an einen Schlager, der den Älteren unter uns sicher bekannt ist: ›*Ich hab für dich 'nen Blumentopp, 'nen Blumentopp bestellt.*‹« In den Kämpfen jener Zeit, da Brunhilde Humperdinck noch nicht so kurzatmig dahergekommen sein mag wie in den Siebzigern/Achtzigern, hat sie sich in der erfreulichsten Weise für das Neue eingesetzt, vor allem als Aufpasserin in bezug auf die damals mancherorts noch zu große Bevorzugung des westlichen »Schlagergutes«, einer betont kapitalistischen U-Musik – und ist sie's denn nicht in der ekligsten Weise?-, welche bekanntlich bestenfalls 30 Prozent der Programme ausmachen durfte. Welche mysteriösen, ja, für den Ausländer vermutlich kabbalistisch anmutenden Diskussionen, in welche man in jenen Jahren die »Schöpfer-Kollektive« des volkseigenen DDR-Schlagers verstrickt fand, »Humpi« stets mit an erster Stelle! (A.: »Jetzt spielen wir nicht mehr *60:40*, sondern *70:30*. Davon ist eine *ganze Bewegung* ausgegangen...« – B.: »Wir spielen *90:10*, und niemand hat gesagt, wir seien altmodisch...« – C.: Aber wir müssen uns klar sein, daß das kein *widerspruchsloser,* kein *konfliktloser Prozeß* ist...« – A.: »Sicher, auch in Leipzig ist es *dazugekommen,* daß man trotz der Verpflichtung *70:30* an einigen Tagen *30:70* gespielt hat...« – C.: »Wir sollten auch auf diesem Gebiet keine *Schönfärberei* zulassen...« – Soweit und auszugsweise einer der zahlreichen kämpferischen Dispute während der ERSTEN KONFERENZ DER LAIENMUSIKER DER DDR, ganz nach dem Herzen Brunhilde Humperdincks, die infolge des Siegeszuges des dubiosen West-Schlagers auch durch die sozialistischsten Länder manche finanzielle Einbuße erlitten hatte.) – »Unsere Tanzmusik«, pflegte »Humpi« in den Sechzigern zu sagen, »unsere Unterhaltungs- und Schlagermusik..., eine *nationale Aufgabe* sind sie, *um nichts Geringeres handelt es sich*!« Kurz vor ihrem Ableben konnte man dagegen in ihrer Wohnung in der Hufelandstraße häufiger den kosmopolitisch wirkenden Ausruf hören: »Schobiz, Schobiz, wonderful Schobiz!« Vermutlich wollte sie deutlich machen, daß sie wenigstens *vokabel-mäßig* immer noch auf der Höhe der Zeit stand. »And the beat goes on...« -

(Aus dem Zettelkasten B. H.s:) – »›Was ein tüchtiger Polizeihund werden will, der muß schon seine Pfoten strecken.‹ BZ am Abend, 24. 8. 82; AUS DER DIENSTHUNDESCHULE GEPLAUDERT.«

Und zehn Jahre vor der ERSTEN KONFERENZ DER LAIENMUSIKER DER DDR war Bruni Humperdinck noch Tänzerin gewesen und vor allem als »KINOKÖNIGIN« geradezu »umwerfend« (Bubi Blazezak). Ja, bei der »KINOKÖNIGIN« hat es sich nach allem, was wir wissen, um eine der Meisterleistungen der frühen Bruni Humperdinck gehandelt, um eine der schwerelos hingetänzelten Glanzrollen von extremer Natürlichkeit, dank derer sie unseren Menschen als eine »Tänzerin neuen Typus« erschienen sein soll, wie sie der noch von Stalinschem Odem, wir spüren ihn heute noch, und dem ERSTEN PARTEILEHRJAHR (mit dem KURZEN LEHRGANG und der STALIN-Biographie im Mittelpunkt: 1950) bestimmte Zeitgeist im Einklang mit dem Life-Style der Massen verlangt hat, »sozialistisch im Inhalt und national in der Form«, so daß die Diseuse/Tänzerin/Menschendarstellerin für die Berliner Schrebergärtner-Gemeinde wenigstens temporär *beinahe so etwas wie eine Institution* geworden war, eine MARIKA RÖCK DES VOLKES gleichsam... »Getanzte Urworte der Leidenschaft«, hat damals ein Kritiker einen der Tänzerin Humperdinck gewidmeten Aufsatz betitelt und damit wohl andeuten wollen, daß es der Künstlerin – im Unterschied zu mancher Vertreterin des endlich als »formalistisch« erkannten Ausdruckstanzes – auf bewundernswerte Weise gelungen war, den DEUTSCHEN VOLKSTANZ in ihre Gestaltungsart einzubeziehen, entsprechend den Forderungen, wie sie z. B. vertretungsweise ein gewisser Sporck in der WELTBÜHNE vom 24. 12. 52 darzulegen verstanden hatte: »Selbstverständlich fordert niemand von den Tänzern, daß sie jetzt alle *300 bis 400 Volkstänze* lernen... Es geht darum, den *Geist,* den *Charakter* des deutschen Volkstanzes zu erfassen, um endlich die *nationale Form* des deutschen Tanzes herauszuarbeiten...« Und Martin Sporck schloß seinen Artikel tatsächlich mit den bereits oben bruchstückhaft erwähnten Formulierungen bzw. Formeln: »Was wir brauchen, sind also neue Balletts, *sozialistisch im Inhalt und national in der Form,* ist die hohe künstlerische Meisterschaft, ist ein *Tänzer von neuem Typus,* der, dem Leben zugewandt, seine Gedanken und Gefühle unlöslich mit den Gedanken und Gefühlen der Volksmassen verbindet und seinem Volk als *ganze Kraft* dient.« – Das alles war bei der Humperdinck in hohem Maße der Fall, wenn auch Stücke wie DIE KINOKÖNIGIN ihr vom Thema her noch gewisse beengende Grenzen setzten; in mehr sozialistisch getönten Werken übertraf sie sich selber, beispielsweise als ungemein bewegungsreiche Star-Flößerin in DIE FLÖSSER DER BISTRITZA aus dem befreundeten Rumänien (Urmuz wurde erst später wiederentdeckt). Wenn irgend jemand auf die Sporcksche Frage »Wo ist die zeitgenössische Taglioni?« mit einem »Hier!« antworten durfte, dann war es die noch relativ junge Humperdinck seinerzeit... –//– Die spätere Zickzack-Entwicklung der Operette und der Revue (auch des Musicals) in der DDR (»IN FRISCO IST DER TEUFEL LOS«) muß sie übrigens hin und wieder ganz schön irritiert haben – hat sie nicht an Gleichgewichtsstörungen gelitten? –: Wer die Glitzerbüstenhalter und weißen, rosafarbenen oder violetten Feder-Boas (?) der unzüchtig strahlenden »Girls« bei der 1984 feierlich begangenen Neu-Eröffnung des Friedrichstadtpalastes erlebt hat (und eine darob in wüstesten Beifall ausbrechende Partei- und Staatsführung), wahrlich, der mußte sich um mehrere historische Perioden zurückgeworfen fühlen, in die Arme der LUSTIGEN WITWE, der KINOKÖNIGIN, der CSARDASFÜRSTIN u. ä., ja, noch weit darüber hinaus! »Es wurde Zeit, wieder strenger auf den deutschen Volks- bzw. Nationaltanz zu orientieren«, wie es im weiteren Verlauf des Jahres 84 (freilich nur kurzfristig) auf nun auch schon wieder historisch bedünkende Weise geschah... Verwirrung ohne Ende? – Hello, Dolly!

(Aus dem Zettelkasten B. H.s:) – »›Der Körper muß zu einem ebensolchen *dienstbaren Instrument der Dichtung* erzogen werden wie Erkenntnis, Phantasie, denn nur in einem willigen, *dienstwilligen Körp*er kann der *Wille* zur Dichtung *Macht* werden.‹ Johannes R. Becher.«

Als der Verfasser die inzwischen arg zerknitterte und zerknautschte Dichterin mit dem verpflichtenden Namen Humperdinck Anfang der Achtziger *persönlich* kennenlernen durfte, fand er sie immer noch bzw. neuerlich den Idealen ihrer jüngeren Jahre verpflichtet, denen sie wohl schon als eine dem »Reinen und Gesunden« zugetane BDM-Führerin gefrönt – »Hohe Nacht der klaren Sterne« –, nach dem »verlorenen Krieg« in der Regel zwar freiberuflich tätig, wenn auch fast zu keiner Stunde ihres Lebens »unorganisiert«. – Welch eine, man möchte fast sagen, *giftige* Begeisterung, als um 1981/82/83 in der DDR wieder Töne und Stimmen laut wurden, wie man sie in dieser Schärfe fast dreißig Jahre lang kaum noch gehört hatte... Ich spreche als unbestechlicher Zeuge; ich habe Brunhilde Humperdincks Jubel mit der eigenen, heute noch manchmal schmerzenden rechten, dann mit der glücklicherweise stabileren linken Schulter abfangen müssen, als die Kulturbundzeitschrift SONNTAG in der Nummer 43 des Jahres 81 als GEDANKEN ZUR ZEIT endlich wieder mal dem sog. Volkstümlichen Liedschaffen glaubte eine brachiale Bresche schlagen zu müssen, und zwar mit Hilfe eines unserer älteren, inzwischen etwas abgewrackten Komponisten, welcher dem Leser die folgenden Aufklärungen zuteil werden ließ: »...wird Krieg und Unterdrückung geschürt im Nahen Osten, im Libanon und Libyen und im Irak, im Iran und in Pakistan, im Fernen Osten, in Afghanistan und Kampuchea, in Südafrika, in Angola und Namibia, in Lateinamerika, in Salvador, Nikaragua, Chile, Guatemala, Honduras ... Gegen all dies – Kriegsdrohung, Wettrüsten, Massenverhetzung zu Kriegszwecken gilt es zu kämpfen ... Liebe Kollegen! Die *Vokalmusik gewinnt wieder an Bedeutung*.« – Noch wüster der klapprige Freudentanz – gelernt ist gelernt! – dieser anderen Salome einige Monate später, als in der gleichen Zeitschrift SONNTAG, in der Nummer 7/82 nämlich, und wiederum in der Spalte GEDANKEN ZUR ZEIT, ein gewisser Gerd Schönfelder mit ähnlichen Argumenten für den Weiterbestand des althergebrachten Opernschaffens (wie auch des symphonischen) eine Lanze brach, ein Plädoyer, das die Gegner der Oper und der Symphonie wie in den Zeiten des KURZEN LEHRGANGS in der allernächsten Nähe der imperialistischen Mörder etc. zu sehen lehrte: »Die repräsentative bourgeoise Musikphilosophie prophezeit schon *seit geraumer Zeit* das Ende der Oper, der Sinfonie... *Auffälligerweise* schieben ihre Vertreter die Schuld daran der Abnutzung und Verbrauchtheit der musikalischen Ausdrucksmittel zu...« (Auffälligerweise?, wieso auffälligerweise?, mag man fragen; aber das ist doch vollkommen klar: auffälligerweise eben!) Weiter: »Dem menschlichen Handlungsbewußtsein sind unter den sozialistischen gesellschaftlichen Perspektiven neue, weiterreichende, kaum absehbare Dimensionen abverlangt... *Wer aber mit dem Gedanken an den Einsatz von Neutronenwaffen spielt...*, dem ist es *selbstredend angenehmer,* wenn die Musikphilosophie der Oper das Ende *nicht bloß prophezeit,* sondern *bereitet,* und wenn sich die Tonschöpfer *materialimmanent* verhalten...« (Kapiert ihr endlich, weshalb es in der DDR außer der offiziellen Friedensbewegung auch die von Hermann Kant ins Reich der Fabel verwiesene »inoffizielle« gab und gibt?; notwendigerweise!) Weiter: »Natürlich sind den Hintermännern der Mörder der genannten Opfer« – Martin Luther King, García Lorca, Victor Jara -»materialimmanente Konzeptionen und das Ende der Sinfonie *lieber...*« (Deutlich genug geworden, was »unsere« Friedensbewegung recht eigentlich will? Vokalmusik, Opern, Symphonien; Militärmärsche sicher auch.) –//– Die Entzückensausbrüche Bruni Humperdincks nahmen auf schmerzliche Weise spürbar an Zahl und Intensität noch zu, als – all das übergipfelnd – die sogenannte KULTURKONFERENZ DER FDJ in Leipzig stattfand (1982), auf welcher sogar eine Namhaftigkeit wie Egon Krenz das Wort ergriff: »Aber eindeutig vorbei an unserer Auffassung von einer vielseitigen Kultur und Kunst gehen jene Werke, die die *Weltoffenheit, in der wir leben,* als Einladung zum geistigen Pluralismus mißverstehen;... Für derartige Positionen gibt es bei uns in der Freien Deutschen Jugend *keinen Ton, kein Blatt Papier, keinen Pinselstrich Farbe!*« (ND vom 23./24. 10. 82). – Herrn Pablo Neruda mit aller Deutlichkeit ins Stammbuch geschrieben, nicht wahr?, welcher in seiner 1976 in *unserem* Verlag Volk und Welt publizierten Autobiographie »Ich bekenne ich habe gelebt« doch tatsächlich geäußert hatte: »Ich will in einer Welt ohne Exkommunizierte leben. Ich werde niemanden exkommunizieren. Ich werde morgen auch nicht zu dem Priester sagen: ›Sie können niemanden taufen, weil Sie Antikommunist sind.‹ Ich will in einer Welt leben, in der die Menschen nur menschlich sind, ohne jeden anderen Titel als diesen, ohne sich eine Regel in den Kopf zu setzen, ein Stichwort, ein Etikett. Ich will, daß man alle Kirchen betreten kann, alle Druckereien. Ich will, daß man niemandem mehr vor dem Bürgermeisteramt auflauert, um ihn festzunehmen oder auszuweisen. Ich will, daß alle lächelnd das Rathaus betreten oder verlassen können...« (Nun ja, solchen abseitigen Vorstellungen mußte endlich einmal Paroli geboten werden; der ABV neulich zu meiner Frau: »Menschlich, wenn ick det schon höre, könnte ick mir erbrechen«; wo lernen die das?) – Bruni Humperdinck konnte sich jedenfalls dem Gefühl hingeben, daß ihr Lebenswerk nicht für die Katz gewesen... –//– Eine letzte Bestätigung erfuhr sie wenige Tage später auffälligerweise – und nun wirklich »auffälligerweise« – durch den bereits weiter oben in Erscheinung getretenen Gerd Schönfelder, den damaligen Rektor der Hochschule für Musik »Carl Maria von Weber« in Dresden, und durch dessen Kommentar wiederum im SONNTAG: »Denn etwas stand auf dieser Beratung *am Pranger*: die Kunst, die sich zur Gestaltung der *spannenden Lebensprozesse* in der Epoche des Übergangs vom Kapitalismus zum Sozialismus *einseitig der grauen Farben bedient*« – oh wie liebe ich es, das Grau und seine hunderterlei Nuancen! –, »die es nur *darauf angelegt* hat, dem arbeitenden, *ringenden* Menschen den Blick zu verstellen...« – Kollegin Humperdinck: »Das wurde aber auch endlich Zeit, nicht wahr?« Und die entsprechenden Kolleginnen und Kollegen schüttelten sich gegenseitig die Hände, daß es nur so krachte und als wäre des »Führers« oder Stalins Geburtstag zu feiern; *mir* indessen wurde boshaft und gesundheitsschädigend auf den Rücken und das Schulterblatt geschlagen, wieder und wieder und Jahre um Jahre: »Hartmut König, Sekretär des Zentralrats der FDJ, betonte die Lebenskraft dessen, was die Kulturkonferenz der FDJ in Leipzig 1982 beschlossen hatte...« (JUNGE WELT, 13. 2. 1987) – Herzinfarkt!

(Aus B. H.s Zettelkasten:) – »›Auch der Geschlechtsreflex kann für das Klettern ausgenutzt werden. Hat man z. B. einen Rüden, der die Leiter im Anfangsstadium nur mit größeren Schwierigkeiten überwindet, läßt man *absichtlich* eine heiße Hündin die Leiter zuerst besteigen. Dicht hinter der Hündin folgt der Rüde, der in den meisten Fällen *durch die heiße* Hündin die Anfangsschwierigkeiten überwindet...‹ – AUS: DER DIENSTHUND, Berlin 1963.«

Die Abfassung des Schlußkapitels der Humperdinck-Biographie wird jedoch nicht ohne Selbstüberwindung des Verfassers vonstatten gehen können: Ach, wie vieles ist von Bruni in ihren letzten Jahren offenkundig nur noch mit der linken Hand erledigt worden, zusammengeschmiert und -geludert; dennoch stets belobt von den *Verantwortlichen auf dem Sektor U-Kunst* (wenn auch nicht von Brunis unbestechlichem Schäferhund Atti, dessen Gekläff in den Achtzigern immer bissiger wurde) – das zielt vor allem auf die zahllosen FRIEDENSLIEDER, die Bruni »Salzstange« Humperdinck Jahr für Jahr im Interesse mehrerer Sängerinnen und Sänger sowie der Gruppen MÜLLSCHLUCKER und TORTENKEKS & CO fast un-

unterbrochen produziert hat, für Leute also, welche ohne so ein Friedenslied schwerlich bei der karriere-fördernden Veranstaltung ROCK FÜR DEN FRIEDEN hätten mitmischen dürfen (wichtig dieselbe nicht zuletzt im Hinblick auf West-Tourneen u. ä., wie sie manchem schon recht dienlich gewesen sind, der in Hollywood oder in Hubbelrath wohnen wollte statt in Doberlug-Kirchhain oder in Delitzsch). Nicht nur für Bruni Humperdinck gilt es, für sie jedoch in besonderem Maße: Was sie zur Sicherung des Friedens »und also des Lebens« einer eher angeödeten Öffentlichkeit dargeboten hat, gehört paradoxerweise zum sprachlich Totesten und inhaltlich »Dünnsten« ihres ganzen ohnehin schon recht schwiemeligen Œuvres. Frieden und Leben gleichsam mit einem Leichenzug von Wörtern zu feiern!, mein Gott, wäre sie doch bei ihrem Reimgehudel auf »Pudel« und »Apfelstrudel« und ähnlichem wenigstens streckenweise *echtem* Gedudel geblieben! Aber nein!, was wollte verfaßt und gesungen sein? »...Ein Lied für die neue, / die friedvolle Welt. / Ein Lied für die Arbeit, / die uns *erhält*. / Ein Lied für die Sehnsucht, / die in uns *schlägt*. / Ein Lied für die Erde, / daß sie uns *erträgt*. / Ein Lied für die Menschen, / für dich und für mich. / Ein Lied für die vielen, die glauben an sich. / Ein Lied für die, die nach uns kommen soll'n. / Ein Lied für alle, die leben woll'n... »Etceteraetceterapepe! (Veröffentlicht unter dem Namen W. Karma 1983 in der Zeitschrift MELODIE UND RHYTHMUS.) Und so Jahr für Jahr, und im Zuge des »Kunstfortschritts« Jahr für Jahr müder und matschiger! Gleichfalls unter dem Namen W. Karma, doch dieses Mal nicht für die Gruppe SILLY, sondern für den Popstar Holger Biege verfaßt, heißt es schon kurze Zeit später: »Meine Hände, die halten fest, / Was ich endlich *liebgewonnen* hab: / Diese Erde, die uns *erträgt,* / Und die Hoffnung, die ich nicht begrab. / Dafür geb ich sie her...« – im folgenden mag an die Hände des Elektroguitarristen gedacht sein –, »und meine Lieder geb ich her... / Meine Hände, die haben nie / *jemand* Schmerzen zugefügt, / Nie, und also lebt ich / und weiß nicht, *ob es uns genügt.* / Doch ich hoffe

Tag um Tag / Auf die Worte, die ich sag, / Daß sie mit euch werden *groß* / Und der Friede grenzenlos, / Grenzenlos...« (Solche Texte singen zu müssen, ist meiner Meinung nach Grund genug, das Land, das sie hervorbringt, zu verlassen; kein Wunder, daß der Sänger Holger Biege inzwischen fluchtartig in die Bundesrepublik übergesiedelt ist.) Man muß sich derlei Dadaismus vorgetragen denken von Damen und Herren in giftig glitzerndem Sado-Look, umwabert sie von den schockfarbenen und höchst ungesunden Höllendämpfen eines (allerdings unbegriffenen) Satanismus, von Leuten, die sich im Privatkreis mit Floskeln wie »Schobiz is' eben Schobiz« oder »Der Rubel muß rollen« aus der Affäre zu ziehen hoffen... –//– 1981 (und abgedruckt in der Zeitschrift TEMPERAMENTE unter dem Namen Gerd Kern):»...Es stehen bereit *ganz unverzagt* / die neuen Friedensheere, / es sei nicht mehr der Mensch geplagt, / beraubt an *Gut und Ehre*. // ...Drum stehet auf, die ihr noch *liegt*, / und ihr, die *steht*, bleibt stehen, / Daß diese Welt den *Frieden kriegt*, / sie liegt schon in den Wehen...« Etceteraetceterapepe. (Zu dieser Zeit hatten sich die TEMPERAMENTE, Zeitschrift für junge Literaten, gleich allen anderen Publikationsorganen der DDR Dichtern wie Papenfuß, Döring, Anderson und vielen anderen hundertprozentig verschlossen!) – 1982 (wieder in den TEMPERAMENTEN, doch jetzt unter dem Namen Wolfgang Protze und ein wenig übersichtlicher): »Steig, mein Drachen / leicht wie Kinderlachen / so befreiend und schön. / Das ist Frieden, wo die Drachen fliegen, / die wir am Himmel sehn...« (Sicher war *ursprünglich* in diesem humperdinckschen Text von Attis, des Deutschen Schäferhunds, Lachen die Rede gewesen: »Steig, mein Drachen...«) – 1983; hatten wir schon! – 1984: »Ich brauche zum Leben *verläßlichen Frieden,* / Zum Leise- und zum Stillsein, / Um sommers im gelben Kornfeld zu liegen, / Zum Kindermachen, zum Kinderkriegen, / Zum Traurigwerden, zum Albernsein...« Etceteraetceterapepe. (Unter dem Namen H.-E. Wenzel in MELODIE UND RHYTHMUS publiziert.) – 1985: »Er ist unser Lachen / Und unser Traurigsein. / Er ist unser Glück / Und unser Mißlingen / Er ist unser Feiern / Und unser Streiten. / Das Wichtigste: Er ist!« (Der Frieden?, wie wir hoffen wollen? Nein, der Abwechslung halber handelt es sich hier um ein LOB DES SOZIALISMUS, unter dem Namen Jürgen Eger ausgesprochen von Brunhilde Humperdinck: »Das Wichtigste: *Er ist!*«) – Und noch einmal 1985: »Ich brauche ihn *für all die brennenden Fragen,* / Daß ich eine Antwort finden kann, / Um früh *in der Straßenbahn zu fahren,* / Zum Lieder lernen, zum *Meinungen sagen,* / Ich brauche ihn, daß ich leben kann.« (Den Sozialismus? Nein, der Abwechslung halber mal wieder den Frieden!) –//– Die *betroffenen* Sängerinnen und Sänger verdienen übrigens nicht das geringste Mitleid; sie, die sich keineswegs damit begnügen wollen, ihrem Publikum (außer den obigen Schlagern) Neuestes aus der Welt der glänzenden Leder- und Miederwaren sowie der schillerndsten Strapse mitzuteilen, sondern nicht zuletzt dem Ehrgeiz frönen, auch als Ideologen u. ä. unserer quasi wissenschaftlichen Weltanschauung das eine oder andere hinzuzufügen. Einige Beispiele: 1. »Wo keine Kämpfe und Widersprüche sind, geht nichts... *Für Prinzipien muß man einstehen...* Mit alledem ist Hermann Kant ›mein Mann‹, und die von ihm vertretene menschliche, kulturpolitische und politische Auffassung ist auch *meine* Auffassung!« (Veronika Fischer 1978; seit 1980 BRD) 2. »Ich möchte Gedanken in Gang setzen, die darauf hinauslaufen, daß einer sein Leben *bewußter* lebt...« (Ute Freudenberg anläßlich der Veranstaltung ROCK FÜR DEN FRIEDEN 1984; seit 1985 BRD); 3. »Ich wollte immer nur Töne machen, *echte* Töne...« (Moment!, da stimmt doch etwas nicht! Noch mal in den Notizen nachblättern! Ach ja, da steht es schon: Drafi Deutscher 1983.)

(Aus dem Zettelkasten B. Humperdincks:) »J. R. Becher in DAS POETISCHE PRINZIP: ›Die Erziehung im Leben zur Pünktlichkeit schafft schon eine gewisse Voraussetzung dafür, daß man auch *im Poetischen* den *Zeitbegriff* einhält und sich *pünktlich ausdrückt*. Aber die Pünktlichkeit gehört damit auch zum Wesen jeder bedeutenden Dichtung. Zur *richtigen Zeit* muß das *richtige Wort* sich einstellen. Es darf nicht den Leser warten lassen, aber es darf auch nicht zu früh kommen und den Leser überraschen.‹«

Niemand wird nach der »Verinnerlichung« der humperdinckschen Texte besonders erstaunt sein, wenn er hört, daß in diesen Jahren zwei der humperdinckschen Hunde – Drauf von Krötenteich und Fick von Gollssenar – einen sogenannten AUSREISEANTRAG gestellt haben, I like Swift!; und auch die Begründung des Wunsches, ins kapitalistische Ausland Honolulu, Monaco oder Miami Beach überzusiedeln, wird jedem Erwachsenen in der *midlife*-Krisis einleuchtend sein, eine Begründung, in der es hieß, »daß in diesem Land DDR unserer *Selbstverwirklichung* allzu enge Grenzen gesetzt sind, der Entwicklung unserer spezifischen Begabung zu wenig Spielraum geboten wird...« (Na, das kennt ja jeder von sich selber.) – Es muß übrigens in den Monaten gewesen sein, als die Bevölkerung des oben erwähnten Landes DDR nicht ohne leidenschaftliche Verbitterung (authentisch!) die sogenannten LILIPUTANER-PRIVILEGIEN der DDR-Liliputaner diskutiert hat, deren bevorzugte Behandlung durch die für Ausreiseanträge zuständigen Behörden per Indiskretion ruchbar geworden war, erinnern Sie sich?: Wenn ein Liliputaner den »Antrag« eingereicht hatte, durfte er sicher sein, innerhalb von 14 Tagen in Westberlin, in Hamburg, in Köln zu sein, wenn er es wollte – die Abfertigung verlief also noch um einiges schneller als im Falle renitenter Künstler u. ä. –, was selbstverständlich viel böses Blut zu machen geeignet war... Die beiden Hunde unserer »Humpi« sind frech genug gewesen, in ihren Anträgen auf diese Sachverhalte Bezug zu nehmen: »Wenn die DDR so leicht auf ihre Liliputaner verzichten kann, weshalb nicht noch leichter auf uns beiden Deutschen Schäferhunde, die wir ja *körpermäßig* eher noch unter der Größe bzw. Höhe eines normal gewachsenen Liliputaners bleiben! Möchten Sie abmessen, bitte?« – Trotz dieses wirklich unerhört herausfordernden Tons wurde dem Antrag der Hunde nach wenigen Jahren bereits rasch und gnädig entsprochen. –//– Es darf nicht verschwiegen werden, daß einer der beiden Hunde alsbald in einem Brief an den Staatsratsvorsitzenden und die Regierung der DDR seinem kühnen Wunsch nach »Rückkehr in die eigentliche Heimat« Ausdruck zu geben für sinnvoll hielt gleich manchem anderen, der sich vom verführerischen Superweiß der PERSIL-Reklame in den Westen hatte locken lassen; das organisierte höhnische Gebell, das diesen Idioten von Rückkehr-Willigen entgegenschlug, hat mancher noch heute, viele Jahre später, im Ohr, dieses mit Sicherheit gelenkte hundertstimmige Gekläff aus sogenanntem Menschenmund: »Ich meine, daß es sich laut Veröffentlichungen um Leute handelt, die zum Zeitpunkt ihrer Ausreise schon lesen und schreiben konnten. Sie haben gewußt, was sie dort erwartet. Wir haben ihnen auch gesagt, eine Rückkehr gibt es dann nicht mehr. Ein altes deutsches Sprichwort heißt: *Reisende soll man nicht aufhalten...*« – »Die Jugendlichen bei uns sind sich einig, daß diese Leute als *Abenteurer* behandelt werden, sofern wir sie *überhaupt* wieder herlassen.« -»Wer unsere Republik *verraten* hat, soll dableiben... *Gnade,* wenn die eine Neubauwohnung bekommen bei ihrer Rückkehr.« (Hundertfaches Echo, das im Frühling 85 dem Gewinsel von Drauf von Krötenteich und seinesgleichen aus dem schadenfrohen NEUEN DEUTSCHLAND entgegenschallte; als hätte es das schöne und humane Bibel-Gleichnis von der Heimkehr des Verlorenen Sohnes niemals gegeben; ein Echo, das Tausende zu dem Entschluß brachte: »So ein Land mußt Du augenblicklich verlassen!«) –//– »Aber, bester Endler, in der Bibel hat es sich doch um Menschen fegandelt« – Tippfehler: »gehandelt« natürlich –, »nicht um etwelche Köter! Als Schriftsteller müßten Sie das eigentlich wissen...« (Nicht Bruni Humperdinck, die das sagt; die Vokabel »Köter« wäre niemals über ihre Lippen gekommen; aber sonst...?)

Karl Kraus 1911: »Die Satire wählt und kennt keine Objekte. Sie entsteht so, daß sie vor ihnen flieht und sie sich ihr aufdrängen.« – »Kann ich dafür, daß die Halluzinationen und Visionen leben und Namen haben und zuständig sind?« –

(85–89)

Unvergeßlicher Augenblick im Jahr 77, wenn der greise T. sorgsam die Pfeife säubert und unvermittelt aufseufzt: »Ach, ach, unsre arme alte kleine Revolution...«

(77)

II
NACHRICHTEN AUS DER HÖLLE

Ottos Karnickel

Zitat aus MEYERS NEUEM LEXIKON (1974): »ln der sozialistischen Gesellschaft, in der die persönlichen Interessen aller Werktätigen mit den objektiven Erfordernissen der gesellschaftlichen Entwicklung übereinstimmen, liegt *pflichtgemäßes Handeln* darum im Interesse eines jeden einzelnen und bilden die in den Pflichten fixierten Interessen der Gesellschaft und des einzelnen eine Einheit mit seinen Rechten als Persönlichkeit und Staatsbürger...« –//– Otto im CAFÉ MOSAIK: »Und montags und dienstags, hick, mittwochs ooch, und freitags, hick, freitags vorziechlich ist alles, hick, alles in unsahn Viertel knallduhn – schon der Hund, hick, der Hund in der Wieje, da sind wir Weltspitze, wat!... Na, jetzt weeßte endlich mal, weshalb ick mir für Karnickelhaltung entschieden habe! Det jibt een'n 'n janz schönen Halt!«

Hermann Kant in einem Interview mit der Zeitschrift SONNTAG (12/83): »Sozialismus ist ein Arbeitsergebnis, es besteht aus der *Wiederholung,* der Reproduktion von Sicherheit und Regelhaftigkeit, der Einsicht in die *vielen Notwendigkeiten*...« –//– Otto am Stammtisch im MOSAIK: »Jawoll, nur Karnickel, Karnickel! *Ick* laß mir doch nicht varickt machen von diese eklig vazettelten Zeit'n! Die Nerven-, hick, Nervenkliniken sind ja ooch *ohne* mir voll jenuch mittlerweile, Weltspitze, wat!, beinahe schon so, als wären wir alle mit een schimmlijet Perpetuum mobile aus der Kurve jesaust... – wie findst'n dieset poetische Bild? Naja, ick weeß schon, ick weeß schon! Aba in Karnickeln bin ick der Jrößte... Det jibt een'n würcklich een'n janz schönen Halt!«

(83)

Notiz betreffs Bubi

Zweiundsechzig oder dreiundsechzig; und als Bubi (Blazezak) bemerkte, auf welch folgenreiche Weise sein bislang so tiefenwirksamer samtweicher Vorname nicht länger »in« war, hatte es sich zu seinem Glück gerade gefügt, daß er Abonnent der Monatszeitschrift DER HUND geworden war, überquellend dieses Organ der *Sektion Gebrauchs- und Diensthundewesen* von den exquisitesten und attraktivsten Hunde-Namen des Landes ... Muß erwähnt sein, daß der Anlaß für das Abonnement eine sogenannte »Affäre« gewesen, nämlich die problematische mit der namhaften Schlagerdichterin Bruni Humperdinck? Daß diese, vor die Wahl zwischen dem Bernhardiner *Lord von Winckel* und dem sogenannten *Casanova vom Prenzlauer Berg* gestellt, sich offensichtlich ohne die geringsten Gewissensbisse für den Köter, pardon, den Hund zu entscheiden übers Herz – ? – gebracht hatte, *für alle Zeiten* konnte Bubi diese Wahl schwerlich gelten lassen; ganz im Gegenteil fand sich Bubi Blazezak alsbald veranlaßt – »man kann vernichtet werden, aber man darf nicht aufgeben!« –, *augenblicklich* nach Mitteln zu suchen, die geeignet schienen, »Brunis Bernhardiner« eines Tages doch noch auszustechen, *augenblicklich* nach zweckdienlichen Informationen Ausschau zu halten, die ihm helfen könnten, das erfolgreichere Tier u. U. mit dessen eigenen Waffen zu schlagen... (Außer dem HUND, dies am Rande, bezog Bubi Blazezak regelmäßig die Zeitschriften DER ZIERFISCH, DIE SPORTTAUBE und DER FEDERBALL, das Organ des Deutschen Federballverbandes der DDR, u. ä.) Das hatte er allerdings selbst im Traum nicht für möglich gehalten, was für eine glitzrige und gloriose Wunderwelt der sagenhaftesten Namen sich hier vor ihm auftuen würde; nichts naheliegender natürlich, als sich von nun an, da die Duftmarke »Bubi« eigentlich keinen

mehr anzog, nichts naheliegender in solcher Zeit der Wende, im Verkehr mit dem Damenflor unserer Hauptstadt (Berlin/DDR) sich immer häufiger des einen oder anderen Hunde-Namens zu bedienen.
Nicht lange, und er hatte ein (alphabetisch geordnetes) HUNDENAMEN-BÜCHEL (wie er es nannte) zusammengestellt, das er ständig neben dem Personalausweis in der Brusttasche bei sich trug, ein kinderkotfarbenes Heftchen, in welchem er, manchmal für eine recherchierende Stasi-Type gehalten, mehrmals täglich herumzublättern pflegte, um plötzlich kurz und gefährlich zu kichern: Abends, in CLÄRCHENS BALLSALON u. ä., hieß er dann *Earl von Tasch-Mahal* oder, auch nicht schlecht, *Bonzo von Lentulo* (was die DDR so alles hervorbringt!). Ja, die Liste der von Bubi dem Hunde-Periodikum DER HUND entnommenen Namen, sie hatte es in sich!, und sie reichte von *Avantos von Dowingasch* und *Addi von der Edelquelle* über *Ingo von Rüdingen, Kay von Karswald, Panter von der Düpte* u. ä. bis zu *Pitzo von Wolkenstein* und *Zar von Silberbrunnen* usw. (Nur eine winzige Auswahl, um es zu betonen, aber vollkommen repräsentativ...) Nach Bubis Auskunft waren es vor allem drei solcher Namen, denen er auch als reiferer und mählich ergrauender »Kavalier alter Schule« noch so manches schöne und tiefe Erlebnis verdankt hat: zunächst die beiden *Boris von Babylon* und *Bordo von Naplamente,* dann der dritte, der »eigentliche Clou«... Ja, niemals, nicht vorher und nicht nachher, hat Bubi Blazezak breitere »Einbrüche« bei einer *gehobenen* Damenwelt erzielt als zu der Zeit, da er unter einem Namen »gearbeitet« hat, dessen Wirkung auch dem Stumpfesten einleuchten wird: *Charmeur de Myttenaere!*
Sicher, zuweilen kam es auch zu Erlebnissen der minder entzückenden Couleur, z. B. nachdem er es eines Abends riskiert hatte, sich einer wirklich sehr, sehr niedlichen Endvierzigerin als ein Herr *Eps von der Fränkischen Pforte* vorzustellen, einer hitzigen Kaltmamsell, die sich *ihrerseits* als *Ikaena von Tecumseh* in Bubis Seele geschmeichelt – leider gleichfalls ein Hunde-Name (präziser und zweifellos

unanständiger: ein Hündinnen-Name), wie sich jedoch erst am nächsten Vormittag gegen sechzehnUhrdreißig herausstellen sollte, nachdem Bubi Blazezak sich mühsam aus dem Gewirr grauer Wodka-Flaschen und zerrissener knallroter Unterwäsche hervorgearbeitet und enerviert nach der neuesten Nummer DER HUND gegrapscht hatte... »Nichts ist mehr sicher auf dieser Welt«, meinte jetzt auch Bubi Blazezak, und es mochte wohl deshalb so extrem bitter aus dem Mund des Hans-im-Glück-Darstellers klingen, als ihn diese »*Hexe von Galgenwasser,* wie sie sich hätte nennen sollen« (Bubi), um seine restlichen FünfMarkundfünfunddreißigundEtwas erleichtert hatte und zusätzlich Goethes FAUST... Trotzdem ließ sich Bubi von seinem Schicksal nicht irre machen – »man kann vernichtet werden, aber man darf nicht aufgeben« – und nannte sich auch in Zukunft *Dolf von der Bleiche, Falk von Cabinet* oder *Faruk von La Roche* gleich manchem Dienst- und Gebrauchs-, auch MAUER-Hund unseres Landes; indessen, der Name *Charmeur de Myttenaere* blieb ihm stets der werteste und nächste (und paßte nach seinem eigenen Dafürhalten erheblich besser zu ihm als sein eigentlicher Name Bubi Blazezak)... – »Der Name ist mit der Person, die ihn trägt, unzertrennlich verbunden«; diesen weithin bekannten Ausspruch Thomas Manns vermochte Bubi/Charmeur/Boris/Eps (ein Thomas-Mann-Kenner par excellence nebenher) nur mit ironisch zuckendem Mundwinkel zu zitieren (und er hatte sich lange und ernsthaft damit auseinandergesetzt): »Nee, nee, nee, nee...« – Gewiß, so sind sie, die BUBIS, die BLAZEZAKS, die BLATZIS, so und nicht anders, werte *Franziska von Treesenblick!* (Heißen Sie wirklich so?)

(86)

Die Rasierklinge mit den Spinnenbeinen

Wie viele Streitigkeiten nun schon wg. des Wappens und des Briefkopfes der KOSABLA*!, als gäbe es nicht wichtigere Fragen zu beantworten im Zusammenhang mit den SABLA**! Zu Beginn unserer vierundsechzigsten Sitzung, Bubi Blazezaks monströser RASIERKLINGE AUF SPINNENBEINEN vorbehalten, glaubt der Verfasser die leidige WAPPEN-DISKUSSION für alle Zeiten ad acta legen zu können; am Ende dieser Sitzung sieht er sie zu seiner Verblüffung neu angefacht von den Verehrern und Verehrerinnen eines BÖHMISCHEN BIERKRÜGLS, welches, zum Munde gehoben und in die trinkgerechte Schräglage gesenkt, dank einer noch nicht genügend erforschten Mechanik das Polka-Lied ROSAMUNDE musiziert. (Mein Gott, unter was für Menschen bin ich nur wieder geraten!) Dabei weiß man über die Herkunft des tschechoslowakischen Bierkrugs nur relativ wenig, während die einschneidende Bedeutung der Rasierklinge im Hinblick auf die Existenz des CASANOVA VON MITTE (im Hinblick zumal auf dessen in der Regel strikt eingehaltenen Wochenplan) allen KOSABLA-Mitgliedern hinreichend bekannt sein müßte; handelt es sich doch um die sagenumwobene GILETTE DES MITTWOCHS!, und Bubis Mittwoch hat es wahrlich in sich gehabt, der einzige Wochentag zumindest des deutschen Kalenders, der in seinem Namen ein kurzes und bezeichnendes »i« aufblitzen läßt – fein beobachtet, gelt?

Bubi Blazezak: »Allein schon aus Geschäftsrücksichten läßt sich an bestimmten Mittwochsterminen nicht rütteln!; am Mittwoch steht meine Existenz auf dem Spiel!«

*Sabla: Sammlungen Blazezak.
**Kosabla: Kommission zur Pflege und Weiterentwicklung der Sabla.

Sicher, auch das furiose Fegefeuer des Montags und die regelmäßig an diesem problematischen Wochentag abzuhakende, in doppelter Hinsicht abzuhakende Wiebke Mewissen sind nicht von den schlechtesten Eltern, um auch einmal eine Drohformel zu verwenden, von noch besseren eventuell die gekünstelten Paradiese des Freitags, *in die Wege geleitet* von der zu jeder Tages- und Jahreszeit so unfroh kichernden Polizeistiefel-Fetischistin Welta Hackensack-Dau; »eindeutige Spitze« aber der Abend des Mittwochs und das ihn krönende sogenannte »Mitternachts-TurnundSportfest« unter dem elektrisierenden Szepter des Satans-Radieschens Dr. Veronika Klarmatz, auch als »Missis HundertundzwanzigVolt« oder als »der weibliche Turnvater Jahn« im Gespräch. Man mag die Schändung dieses sündenärmsten Tages der Woche gutheißen oder nicht, am Mittwoch, »da beißt die Maus keinen Faden ab«, gilt es für Bubi Blazezak und dessen Kollegen vom sogenannten »Leichtmetall-Underground« – »Dachrinnen-Mafia« träfe das Treiben der Bande genauer – ihren als zwanglosen Skatabend kostümierten *jour fixe* hoch droben am Weinbergsweg wahrzunehmen, »ausgerichtet«, wie schon angedeutet, diese dubiose Geselligkeit von keinem anderen als von Fräulein Dr. sc. Veronika Klarmatz, in deren Händen sich sämtliche, auch die dunkelsten Fäden des bestenfalls zu einem Achtel legalen Dachrinnen-Business zusammenfinden, vollkommen unentwirrbar selbst für ihre allerintimsten Mitarbeiter. Niemand hätte gewagt, dieses achtmal geschiedene »Fräulein Doktor« etwa als »Klarmätzchen« anzureden o. ä.; »Ich werde Dir schon die Mätzchen noch austreiben!«, hätte man sicher zur Antwort erhalten (so Bubi Blazezaks Vermutung, der zwar zu einer Dämonisierung, aber keinesfalls einer »Verteufelung« des weiblichen Geschlechts tendiert hat), die Antwort eines Wesens, dem schwärzesten Herzen oder Hirn der Romantik entsprossen, könnte man denken...

Kurzum, eine wahre Teufeline ist es, die sich Mittwoch für Mittwoch Bubis und seiner Kumpel bemächtigt, blauhaarig, lilalippig, giftgrün beschuht, unter dem Ohrläppchen und um den Torpedo-Busen herum parfümiert mit dem abstoßend fesselnden und selbstverständlich nur schwarz gehandelten Duftwasser O P T I M I S T und dessen unverwechselbaren Edelleichen-Geruch. (Im perversen Kontrast zu so extrem Kultiviertem ihre rätselhafte Verfallenheit ans Rustikale und an klobig-»gediegene« bäuerlich bedünkende Volkskunst – hatte das etwas mit ihrer Nazi-Familie und ihrem frühen Bekenntnis zum Klebrig-Prallen und zum gut durchbluteten Maidentum zu tun? –: Obwohl sie nachgewiesenermaßen keinesfalls aus Oberbayern, sondern aus Oranienburg stammt, nennt sie das nicht kleine Kollektiv ihrer Partner holzschnittartig zusammenfassend gern »Meine Buab'm«, was bei den Betroffenen, dies am Rande, jedesmal einen lähmenden Schock bewirkt.) – Eines weiß inzwischen der Letzte im »Inneren Kreis«: Wenn zur Geisterstunde die Pfänderspiele beginnen, zu denen Veronika noch jedes Skatspiel sensibel und mit Zoten nicht sparend umfunktioniert hat, soeben hast du »Full house« gerufen, und schon stehst du im Unterhemd da, dann haben die »Buab'm« gefälligst zur Stelle zu sein, *sonst gibt's Kummer* – statt Schotter, statt Kies… Ja, jeder der Buben, inclusive Bubi, man stelle sich das mal *bildhaft* vor, jeder dieser im Prenzlauer Berg hoch angesehenen und als »Respektspersonen« betrachteten Handelsmänner ist gehalten, »hundertprozentig nackend« am Spieltisch zu sitzen, sobald Veronique die dreizehn (!) zu wunderlichsten Stalaktiten verformten erzgebirgischen Folklore-Kerzen entzündet, für jeden der recht unterschiedlich gewachsenen bösen Buben eine, und »zweihundertprozentig nackend«, sobald sie die schon ängstlich erwartete und superscharfe R A S I E R K L I N G E M I T D E N S P I N N E N B E I N E N zückt und in der demonstrativ erschauernden Runde herumgehen läßt (kritische Verkostung der Gilette durch sechsundzwanzig behaarte männliche Handrücken, einstimmiges Okay).

Dann der Moment, da »Frollein Dokter« das im Kerzenlicht magisch schimmernde Rasierblättchen mit den angeschweißten Spinnenbeinen im Zickzack auf das weicheste weiße Fleisch ihres Oberschenkels zublitzen läßt, um nur wenige Millimeter unter oder neben den sogenannten Schamlippen eine nicht unbeträchtliche Schnittwunde zu placieren; das spritzende Blut ruft frenetischen Beifall und manchen Hinweis auf Professor Sauerbruch hervor, denen Veronika eisig und stritterdimatter zugleich mit brünstigem Wortschwall ein jähes Ende bereitet: »Immer... bleibt der ... Einlaß geheim / Zu diesem dunklen ... verwunschenen ... Garten / In dem mich *Worte der Stille* erwarten: / Kräutlein, die süß sind ... vom Honigseim, / *Und* Nesselworte ... mit ... sengendem Duft ... / Wie sehn ich mich ... nach der ... betäubenden Luft / Jenes Gartens ..., der sich verschließt ... und entschwindet / Bei jeder ... Bewegung, ... die *gegen mich* geht / Und den *außer mir* kein anderer findet, / Weil *er ... nur in mir ...* und ... selten entsteht / Jäh als ein Duftstoß, ... *alles verschlingend:* / Leben, das bitter war, ... heillose Zeit ... / Wieder ist Morgen!... Ich *breche singend* / Tränendes Herz und weiß nichts von Leid...« – Ringsum erstarrte Bewunderung und scheue Verehrung, beides vielleicht nur gespielt: »Sie redet in Zungen!« (Einer gerät sogar ins schmuddligste Rezensieren: »Oh, daß wir wieder eine gefunden haben, die des Dichters alte Gebärde nicht scheut und ihr Ohr *an die Erde legt* und auch an unsere Brust!«) Freilich wissen nur wenige, daß man nichts Geringerem als einer DICHTERLESUNG beiwohnt, neuer, ja, allerneuester Lyrik lauschen darf (nein, von Ulla Hahn ist sie nicht), wie man sie hin und wieder bis in die späten Achtziger hinein z. B. von der NEUEN DEUTSCHEN LITERATUR des Schriftstellerverbandes der DDR geboten bekommt. (Ich bitte um Vergebung, meine Damen, meine geschätzten Leserinnen, derlei begegnet einem tatsächlich in der oder jener Nische der DDR, vielleicht nicht zu häufig, aber *so* selten nun wieder auch nicht, daß nicht sogar der relativ keusche und kaputte Autor *menschlich tief erschüttert* in

solche Exzesse verwickelt worden wäre, wenigstens ansatzweise, tut mir leid...)
Und da Veronika Klarmatz stampfend und mit blutendem Oberschenkel hin und her zu marschieren beginnt, im blakenden Background wackelt die Imitation eines ganz leisen Marterls, stößt sie die Worte noch heftiger aus sich heraus: »Und ... südliche Winde ... erblühn ... von dem Worte, / Und sommerlich ... wehen Düfte ... mich an, / Entzaubert ... erwach ich, erlöst ... von dem Orte, / An dem meine ... Irrfahrt ... ins Eisland ... begann. / Mit einer Freiheit, ... *im Grauen errungen,* bin ich ... *in mir* ... und ... *von mir* befreit. / Ich habe den ... tödlichen Selbsthaß ... bezwungen. / Und ... *Gnade* kehrt wieder, das Wort ... und ... die Zeit ...« Etceteraetceteraetceteraetcetera. – Kaum milder gestimmt indessen Bubi Blazezak, der Lyrik-Fan, durch Veronikas Rezitation, kaum nachsichtiger gestimmt gegenüber der zweifellos auf ungemein schwüle Weise satanesk orientierten Dame: Seht doch das Blut, das klarmatzsche Blut, diesen *ganz besonderen Saft* von der giftgrauen Farbe Zements oder Rattenvertilgungsmittels, *man kommt aus dem Staunen niemals heraus;* aus dem weichen, dem weißen Fleisch ihres Oberschenkels gerieselt, zieht es sich über den Orient-Teppich hin gleich einer Pulverlunte, ein einziges Streichholz würde vermutlich genügen, um die ganze Bude... Mancher der dreizehn Dachrinnen-Helden mag insgeheim diese Möglichkeit schon erwogen haben, um dem geschäftlichen und künstlerischen Terror Veronikas unter Verwendung ihres eigenen Blutes ein jähes Ende zu bereiten.

Natürlich wird man sich fragen dürfen – und der Verfasser, *selber auch als Lyriker tätig,* weiß, wovon er spricht –, ob es für diese Poetessa nicht der eigentliche Grund der mittwöchlichen Veranstaltung gewesen ist, mit neuen und sicher ein wenig ungewöhnlichen Mitteln dem schwindenden Interesse am lyrischen Kunstwerk entgegenzuwirken, d. h. zumindest einem kleinen elitären Kreis, dem ihrer »Buab'm«, und sei es mit schrillsten Schocks und schroffsten Zwangsmaßnahmen, die Lyrik wieder etwas »schmackhafter« zu machen. Wenn ja, dann hat Veronika Klarmatz wenigstens auf diesem Gebiet eine ihr selber vielleicht nie zu Bewußtsein gekommene totale Niederlage erlebt; denn selbst der aufgeschlossene Bubi Blazezak wollte von solcher Deutung der Geschehnisse nicht das geringste wissen: »Nichts als Gehässigkeit, nichts als ausgeklügelte Gemeinheit«; mehr hat er nicht sehen wollen, nicht sehen können selbst in der Rezitationseinlage des »Satans-Radieschens vom Weinbergsweg«, dessen (nach Bubi) nicht zuletzt auch hypnotisch wirkende Rasierklinge unseren Helden bis in die Träume verfolgt hat, wenn er – was ein oder zweimal geschehen sein mag – die MITTWOCHS-SESSION zu schwänzen riskiert, »einerseits wegen Schneeregen, andererseits wegen Grippe«. Bubi Blazezak, Besitzer mehrerer Traumbücher, hat nur sehr widerwillig davon erzählt, da einige der Rasierklingen-Träume den Verdacht hätten nahelegen können, der Casanova von Mitte hätte unter Umständen Zweifel an seiner »Mannbarkeit« gehegt; und es ist ja auch wirklich mehr als unangenehm, sich eine meterhohe Gilette-Klinge vorzustellen, die auf zahnlosen Spinnenbeinen herbeieilt, um einem wieder und wieder in die von Mal zu Mal leerere Lende zu stechen oder sogar mit verbissenem Eifer die sogenannte Eichel zu zerschnibbeln, die schreiende Eichel eines sich verzweifelt niederduckenden Glieds... »Dann lieber jeden Mittwoch zu Veronika Klarmatz!« – Im Ernst, geschätzte Kolleginnen und Kollegen der immerhin von keinem anderen als dem Verfasser ins Leben gerufenen KOSABLA, es kann doch nicht Euer Ernst sein, in der leidigen Wappen-Frage solcher prachtvollen spinnenbeinigen Rasierklinge einen Scherzartikel wie den Bierkrug aus Prag vorzuziehen, und mag er noch so laut und dilettantisch ROSAMUNDE spielen, wenn man wieder mal einen Schluck nimmt. (Wahrscheinlich ist das in der letzten Zeit zu häufig geschehen...)

(85–88)

Für acht Groschen Hefe

1

»Das Herangehen an die junge Literatur und die Meinungen über sie«, sagt Dr. Ingrid Pawlowitz in den WEIMARER BEITRÄGEN 9/82, »gehen«, hat sie gesagt, »auseinander«; oder geschrieben. – Das Herangehen an die Literatur geht von Tag zu Tag *mehr* auseinander, Madame!

2

Aus dem Geschiebemergel tritt im gleichen Berichtszeitraum mit seiner Händelwurz der teilweise pollengepuderte Ornithologe hervor, welcher in Gabelschwanzraupen und Tropfsteinhöhlen vernarrt zu sein scheint. – Den Redakteuren der WEIMARER BEITRÄGE war das durchaus bekannt!

(82)

Lob der Kulturpolitik/Fragment

(Aus einer Korrespondenz für den »Hustler«, Los Angeles) // ... Jedenfalls, was für ein *Reichtum!*; mein *persönlicher*, sehr persönlicher Erfahrungsschatz, gesammelt nicht nur (!) im Gespräch mit günstigen Gelegenheiten, aus lallenden und vom Bewußtsein *abgeseilten* und zügellos das Unterbewußtsein *verschleudernden* Mündern zum Beispiel – oh, die kaum glaubliche Vielzahl der Zahnlücken hier bei uns in Mitte und Prenzlauer Berg, einige hunderttausend mögen es momentan sein! –, sondern auch *gezielt* zusammengeklaubt; mein ganzer, letztendlich unausschöpflicher Erfahrungsschatz, diese als »ganz singulär« zu charakterisierende Akkumulation allerseltsamsten Wissensgutes, diese jeden weiteren Schritt zur Mühsal machende *Last*; Sie lassen es mich endlich, endlich aussprechen ohne die Furcht, der Liebedienerei undsoweiter bezichtigt zu werden oder schrammelnder Blödheit: ... Nein, leicht wird es den Kollegen vom Ministerium für Kultur u. ä. von keiner der weiter oben genannten drei Gruppen gemacht – weiter unten tauchen sie sicherlich noch einmal auf –; und auch von mir selber, dem Verfasser des vor- und nachstehenden Hinundher, kann ich zu meiner Betrübnis kaum Positiveres vermelden, wenigstens bis heute noch nicht, morgen wird es vielleicht bereits anders sein, denn mein Betragen wird sich mit Sicherheit bessern; die Öffentlichkeit weiß zu wenig über die Strapazen, in die sich dieser ministerielle o. ä. Kollegenkreis, diese Laokoongruppe von Kollegen – und sie hat, das muß doch wohl noch gesagt werden dürfen, eine *gute* Arbeit geleistet! – oft schon kurz nach Dienstantritt, spätestens aber nach dem schmackhaften Honigbrot des Zweiten Frühstücks verwickelt findet. (»Halten Sie ihr Stenogrammheft stets unter Verschluß!«) Viele der Einzelheiten, die z. B. gerade auch unser (nur stellenweise fleckiger und ausgefranster) Bericht, den wir frohgemut eine *dokumentar-essayistische Improvisation* heißen wollen, breiteren Schichten zugänglich macht, viele der mitgeteilten Details sind voraussichtlich sogar den in unsere Literaturszenerie relativ gut Eingeweihten vollkommen neu. Der Autor geht so weit zu behaupten, daß alle, die es versäumen, unsere Arbeit so gründlich durchzuarbeiten wie der Autor, in Zukunft über die literarische Situation in der DDR schwerlich noch mitreden werden dürfen – und sich schon gar nicht dazu berechtigt fühlen sollten, mit spöttischen Glossen von vordergründiger Eleganz über Kulturwissenschaftler, Abteilungsleiter und Sekretäre für Kultur, Klubhausleiter – man denke nur an Elfriede Endler, geborene Brigitte Schreier – und verwandte Kader wohlfeile Triumphe zu feiern im KEGLERHEIM (ehem. Besitzer: August Fengler), im BOXER, im TITTENKELLER (auch »Altberliner Ballhaus« genannt), im POSTHORN (kurz: »Horn«; oder auch »Tute«), in der Nachtbar DUFTE! Manch ein körperlich und geistig längst ausgehöhlter Witzbold, dem nichts geblieben ist als seine vom sogenannten *Herren-Gedeck* (Sekt und Wodka) im WIENER CAFÉ befeuerte im Tiefsten substanzlose Eloquenz, ob er auch dann noch so gescheit daherreden würde, wenn er, gleich den Kollegen vom MIFKU oder vom TPS (Tugendbund Preußischer Schriftsteller e.V.), mehrmals täglich behandelt würde wie ein windiger Vertreter für lächerlichst geformte (und für *meine* Zwecke z. B. völlig ungeeignete) Gummiwaren aus Crimmitschau bzw. Dresden-Radebeul?, oder aber wie ein Agitator im Auftrag der für DDR-Literaten so überflüssigen wie fragwürdigen Staatlichen Lebens- und (hahahaha!) Hausratversicherung, wie sie doch wohl eher dem enormen Sicherheitsbedürfnis des DDR-Literaturwissenschaftlers gemäß sind…? Im Ernst: Man sollte den Organisatoren und Manipulatoren unserer Kunst und Literatur mit größerem Verständnis begegnen, so wie es uns jüngst vorexerziert worden ist von unserem fast auf irre Weise stets kreglen Roland Rasend, dem Jean Cocteau des Bezirkes Frankfurt/Oder, als er anläßlich der späten, aber nicht zu späten Verleihung des *begehrten* Mirza-Schaffy-Preises an ihn, an Rasend, als er die Poesie mit all ihren Poeten einmal so recht hintanzustellen sich aufgelegt fand. – Hier seine Dankesworte, gerichtet an die Kollegen vom Ministerium, und zwar nach Erhalt eines inhaltsreichen lilafarbenen Büttenpapier-Couverts aus den Händen der Kollegen vom Ministerium: »*Das schwere Geschäft*« – nicht etwa das Große Geschäft! –, »*das schwere Geschäft des Gedichtemachens*«, sagte Rasend – siehe auch: NDL 3/1980-, »*hat auch mich verständiger und barmherziger gemacht*« – möchte das nur jeder so selbstverständlich von sich behaupten können wie Rasend! –, »*barmherzig gegenüber dem ungleich schwereren Geschäft des verantwortlich handelnden Politikers! Wiewohl ich denke*«; sagte Roland Rasend, »*daß auch er's noch nicht am schwersten hat! Statt ›dicht, dichter, am dichtesten‹*«, sagte Rasend, »*kompariere ich...: Dichter, Politiker, Kulturpolitiker!*« – Wenigstens unsere Fraktion (nicht ohne Hoffnung, daß die anderen Fraktionen sich uns nach und nach anschließen werden) stimmt gern in das Loblied Roland Rasends auf die Mitglieder der Mirza-Schaffy-Preis-Jury ein; und nachdem wir uns das unverwechselbare trikolore Lätzchen der Ehrenlegion vorgebunden haben, intonieren auch wir, im Geiste mit unserem *lieben Herrn Bruder* verbunden – wie Paul Wiens den Preisträger nennt –, exponieren auch wir uns mit der echt berlinerischen Geste des rasendschen Schlußtoasts: »Vive la république!«; ja, Sie haben richtig gehört: »Vive la république!«, rief Rasend am 12.12.79 – nicht zu verwechseln mit dem Elften Elften – hinten im Stadtbezirk Mitte in der Deutschen Staatsoper aus, und wir tun es dem patriotisch Entzündeten gleich, so lange die Vorräte reichen... (Bei Seite: Der Preis ist mit 10 000 Mark dotiert, zehntausend Mark, die ich im nächsten Jahr unter Umständen dringend brauche!) Wem das Schlußwort Rasends zu elitär klingt oder einfach zu laut, der kann – dies den um Vorwände nie verlegenen Drückebergern ins Stammbuch! – selbstverständlich auch auf stillere Manier den Männern und Frauen an den Hebeln des

Mirza-Schaffy-Preises danken, wie allen anderen, die im halsbrecherisch konstruierten Gestänge unserer Kulturpolitik ihrer hintergründigen Tätigkeit nachgehen müssen; man sollte ihnen wenigstens hin und wieder ein freundliches Nicken mit dem Kopf nicht versagen, die z. B. fast pausenlos und nicht nur als gelegentliche Rechercheure oder Stadtstreicher (wie die nur wenig vertrauenswürdigen Menschen unseres Schlages) der kniffligen Frage ausgesetzt sind: Was ist nur mit den begabtesten Wortkünstlern *hierherum* neuerdings los? Die *einen*: sone; die *andern*: solche; die *dritten*... / PS.: Mit dem Hinweis auf eine dritte Kategorie von Autoren und Künstlern erlaubt sich der Autor von Mal zu Mal kecker auf den in der DDR überhaupt nicht existierenden Underground anzuspielen; man erkennt die Repräsentanten dieser schimärenhaften Truppe übrigens meistens sehr bald schon an ihrer Kleidung, die ganz dem entspricht, was Marietta Riederer, die große Modejournalistin der ZEIT, seinerzeit über die Avantgarde-Mode gesagt hat: »Gemeinsame Kennzeichen der Avantgarde sind *übertrieben* breite Schultern... Jean Claude de Luca täuscht sie *dachartig* mit einer breiten Falte vor... Wißbegierigen sei verraten, daß breite Schultern nicht nur durch Polster, sondern auch durch Falten, Blenden oder mit einer *zierlichen Quetschfalte* erreicht werden...« – Jaja, die Avantgarde mit ihrer zierlichen Quetschfalte! Doch obwohl auch ich im Laufe meines schon relativ langen Lebens so manche Quetschfalte hinnehmen mußte, dürfen *so* gekleidete Figuren nicht unbedingt mit meiner uneingeschränkten Sympathie rechnen; eher mit dem Gegenteil...

(82/83)

Die frühen Achtziger //
Ein Zitaten-Slalom

1

Aus der lllustrierten FREIE WELT: »*Das* war ein *Erlebnis*! Zur Parade lenkte ich meinen schweren ›Ural‹ mit Fla-Rakete direkt an der *Tribüne Iang*. Hätte gern gewunken, *mußte aber geradeaus schauen,* ich fuhr das *Richtfahrzeug.* Tempo auf die Zehntelsekunde, *keinen Zentimeter von der Linie abweichen*! Schließlich mußte *der ganze Fla-Raketen-Block* sich *nach mir orientieren.* Diesen *besonderen Platz* hatte ich mir im Wettbewerb von Mann zu Mann verdient...« –

2

Die Trickfilmregisseurin Sieglinde Hamacher – siehe auch FILMSPIEGEL 2/82 – über ihr und ihrer Kollegen Projekt EIN KÄFIG; es scheint sich um eine Arbeit über das Verhältnis von Künstler und Staat zu handeln o. ä.: »Ein Käfig erfrischt sich am Wasser, kratzt *frischen Sand* auf seinen Boden und *steckt sich eine Blume an die Gitter.* Sehnsuchtsvoll schaut er den *davonfliegenden Vögeln* am Himmel nach. Dann macht er sich auf den Weg, einen Vogel zu suchen. So beginnt der Zeichentrickfilm EIN KÄFIG, der jetzt in der Endfertigung ist ... Es ist die Geschichte eines Käfigs, der die Erfüllung seines größten Wunsches, einen Vogel zu besitzen, mit aller Energie betreibt. Nach einigen Fehlschlägen gelingt es ihm auch, einen Vogel hinter seine Gitter zu bekommen. Allerdings sieht das Besitzerglück ein wenig anders aus, als es sich der Käfig vorgestellt hat. Ein Käfig, Symbol für Einengung und Unfreiheit, bot gute Möglichkeiten, *Probleme von Partnerbeziehungen* aufzuzeigen. Am Ende aber *akzeptieren Käfig und Vogel die Realitäten* und bleiben beieinander ...« (Mh, der Käfig mit offenem Türchen vielleicht?)

3

(Christa Wolf: »… Das war an einem ersten Donnerstagabend eines Frühlingsmonats, wir saßen im Club in der Otto-Nuschke-Straße, …, das gesellige Beisammensein mit Brötchenverzehr war im Gange, da blickte ich zufällig nach oben und sah: Die Lampe schwankte. Ich glaubte, ganz nüchtern zu sein, und machte ein paar Kollegen am Tisch auf das Phänomen aufmerksam. Sie wunderten sich wie ich. Jemand sagte, in den oberen Räumen sei vielleicht eine Tanzveranstaltung … Ich behielt die Lampe im Auge: Sie schwankte. Mir wurde wunderlich zumute, so hätte man es früher ausgedrückt, ein bißchen unwirklich kam mir, vielleicht nur für Sekunden, unsere Versammlung vor, der Raum, das Gestühl, das kalte Buffet, die Teilnehmer, ich. Als könnten wir alle uns ebensogut auflösen. *[…]* Weiter war nichts, ist nichts. Warum ich das erzähle? Einfach so. Einmal haben wir zusammen ein sehr kleines Erdbeben erlebt. Etwas sehr Geringes, das wir selbst nicht spürten, hatte die Lampe angestoßen. Kaum, gar nicht spürbar war die feine Erschütterung für uns, die sich den festen Mauern des Hauses mitgeteilt hatte. Mich hat das verwundert, das ist alles. Wenn mich jetzt, häufiger, dieses Gefühl von Unwirklichkeit überkommt, erkenne ich es wieder …«)

4

Schulaufsatz; utopische Phantasie-«News« des Schülers Jens Lechter, 12 oder 13 Jahre alt: »… Am Sonnabend wurde in Tokio der 10. Kongreß der FDJ eröffnet. Dort sprach Erich Honecker über die Probleme der FDJler in Tokio. Der Präsident von Tokio versprach der FDJ höhere Löhne. Auch die Arbeitslosigkeit soll eingestellt werden. Nach dieser Rede *drehte Erich Honecker die Gewinntrommel* und loste *die Gewinner der letzten 46 Jahre* aus. Dabei *zog er sich selbst* und ihm fiel plötzlich ein, daß er ja gerade 100 Jahre alt geworden war. So lief er nach Hause und der Kongreß war damit beendet …« (Berlin/DDR; 83)

5

DIE MARXISTISCH-LENINISTISCHE ÄSTHETIK UND DIE ERZIEHUNG DER SOLDATEN von Generalmajor Prof. Dr. phil. A. S. Milowidow und Oberst Prof. Dr. phil. B. W. Safronow – ich bin im Besitz der 2. Auflage unseres MILITÄRVERLAGS von 1981 –: »*Die Freude, die militärische Tätigkeit erweckt,* ist auch deshalb mit der Freude, die uns Kunstwerke bereiten können, in vieler Hinsicht verwandt, weil sie *geistiger* und nicht biologischer *Natur* ist. Bei einem Soldaten, der seine Pflicht aus innerer Überzeugung erfüllt, die keinen äußeren Zwang braucht, vermag eine *straffe Disziplin,* die auch der Form seiner Tätigkeit eine *bestimmte Schönheit* gibt, ähnliche Erlebnisse wie echte, *wertvolle* Kunstwerke auszulösen ...« In besonderem Maß betrifft das natürlich die Kommandeure: »Insofern schöpferisches Streben wesentlicher Ausdruck des Ästhetischen ist, müssen wir unterstreichen, daß der schöpferische Denkprozeß eines Armeeangehörigen, *besonders des Kommandeurs,* viele Gemeinsamkeiten mit dem eines Künstlers aufweist [...] Künstler *und* Kommandeur ist ein konkretsinnliches, bildhaftes Denken eigen ...« – Und auch der sogenannte »Heldentod« muß in diesem Zusammenhang gesehen werden: »Um eines hohen Zieles willen ist auch der Heldentod *schön;* denn er bejaht und rühmt das Leben angesichts des Todes. Dank der *moralischen Schönheit* einer Handlung unter tragischen Umständen entfaltet sich jene *kraftvolle emotionale Erregung* und Anspannung, die man gewöhnlich als ›Gefechtsrausch‹ bezeichnet ...« – Schließlich ist auch die den Wirkungen der Kunst nicht ganz ferne Suggestion durch den militärischen Maschinenpark nicht zu unterschätzen: »Wie bei Flugzeugen entfaltet sich die technische Vollkommenheit auch bei anderer Kampftechnik, zum Beispiel beim sowjetischen Panzer T-34, in einer bestimmten Formschönheit. Den T-34 bezeichnete man *bildhaft* manchmal als ›Gedicht von einem Panzer‹...« PS.: »Je inhaltsreicher *das Schöne* ist, desto *vollständiger* entspricht es den Zielen und Aufgaben militärischer Pflichten.«

6

Ursula Püschel in der NDL 8/84: »… Aber niemand hat zum Beispiel Heiner Müller geantwortet, als aus Prometheus, dem ersten Säulenheiligen im philosophischen Kalender…, dem Licht- und Feuerbringer, dem *Aufsässigen* gegen die Götterallmacht, ein jämmerlicher Opportunist wurde … Abkehr von den progressiven Tendenzen in den Materialien griechischer Mythologie, *untradierter* Gebrauch – so banal es klingt, es läuft schließlich auf die Frage hinaus: *Darf ein Autor das?* …«

7

Aus der Kinderzeitung ATZE die Festtags-Story »Unsere Volkspolizei hat Geburtstag«: »Das ist der Genosse Feuerstein, unser ABV. Er hatte nämlich gestern seinen 40. Geburtstag, übermorgen ist er 20 Jahre Volkspolizist, und am 1. Juli feiert er mit all seinen Genossen den 35. Jahrestag der Gründung der Deutschen Volkspolizei. Na, ist das nichts? Sozusagen *als Geburtstagsgeschenk* hat er gestern *gemeinsam mit Kalles Vater*, der zufällig vorbeikam und *gleich* Genosse Feuerstein *anrief*, zwei der Rowdys erwischt, die ab und zu bei uns im Fußgängertunnel die Deckenbeleuchtung zerstören. Nun haben wir wieder Licht im Tunnel, und für die beiden Übeltäter *sieht es finster aus*. Jedenfalls beschlossen wir, ihm eine *Freude zu ·machen* und *gleichzeitig auszuprobieren*, ob er … noch zu *erschrecken ist*. Wir kauften also mit Geld aus der Gruppenkasse einen schönen Blumenstrauß und kletterten auf einen Straßenbaum an dem Wege, wo er nachmittags seinen Streifengang beginnt … Wir hatten gerade die Schleife am Strauß befestigt, da kam auch schon das *Geburtstagskind*. Als er noch einen Meter entfernt war, *ließen wir den Strauß hinab*. Tatsächlich, er *erschrak*. Aber er faßte sich gleich wieder, zumal er uns erkannte, und *dankte für die Überraschung*, während wir ihm noch *weitere stolze* Fänge wünschten …«

8

Schaufensterwerbung eines Schnapsladens im Marx-Jahr 83: »IM SINNE VON KARL MARX HANDELN HEISST – Erhöhung der *versorgungswirksam werdenden* Finalproduktion ›Spirituosen‹ um 24,4 % ...«

9

Humboldt-Universität zu Berlin (Sektion Ästhetik und Kunstwissenschaften); Programm der FEIERLICHEN VERABSCHIEDUNG DES ABSOLVENTENJAHRGANGES 1980: »Joh. Seb. Bach: 1. Satz aus der Triosonate Es-Dur BWV 525 / Monika Lösel: ›Herztöne der Meister‹ / H. Schütz: ‹Iß dein Brot mit Freuden‹ aus den ›Symphoniae sacrae‹ / Joh. K. Bachofen: ›Viele verachten die edle Musik‹ / H. Vecchi: ›Es saß ein Vöglein‹ / Ansprache der Sektionsleitung / Vergabe der Diplome / Fr. Chopin: Walzer A-moll op. 34; Nr. 2 / R. Schumann: ›Die Schwalben‹, ›Wenn ich ein Vöglein wär‹ / Gerd W. Heyse: ›Vom Wachsen‹ / K. Schwaen: ›Erntemond‹ / K. R. Griesbach: ›Oktobertag‹ / B. Thalheim: ›Als ich 14 war‹ (Chanson) / Abschiedsworte der Studenten / A. Caldara: Larghetto und Allegro aus der Sonate quattro B-Dur / Helmut Preißler: ›Verläßlich‹ / Joh. Seb. Bach: Präludium und Fuge A-moll BWV 543 ...«

10

(Helga Schubert in DAS VERBOTENE ZIMMER, 1982: »Ich erinnere mich, wie ich als Kind auf dem Bauernhof und im *vorigen Sommer auf dem Zeltplatz* lachende Menschen mit Forken und Spaten *auf Mäuse einstechen* sah, die *schon lange tot* waren."*)*

11

EIN VORBILDLICHER LEHROBERMEISTER (nach SPORT UND TECHNIK): »... *Den ganzen Vormittag schwitzten die Jungs* beim Stationsbetrieb – Klimmziehen, Liegestütze, Tauklettern. Dann *Ex-Ausbildung. Nach Stunden erst läßt Kollege Waurich die Hundertschaft antreten. Ein paarmal.* Erst sind sie zu langsam, *dann stehen sie nicht richtig.* Laut und deutlich verkündet er schließlich die nächste Aufgabe: ›*Wir marschieren zehn Kilometer!*‹ Das ist viel nach diesem Tag, er weiß das, *setzt aber noch eins drauf.* Die Feldflasche, die er hochhält, *ist voll.* ›Wer will, kann während des Marsches zu mir kommen. *Ich* jedenfalls werde *nichts trinken*!‹ Was er sagt, das macht er, das wissen alle, die ihm, jetzt schon schwitzend, über Waldwege und Strandpfade folgen ... Das macht er *nur für sie*, um ihnen zu beweisen, man kann etwas aushalten, wenn man will. Deshalb würde der Weg zu ihm, der *an der Spitze der Hundertschaft marschiert*, jedem *schwerfallen* ... Und wenn sie beim Marschieren mal stöhnen, stöhnen sie nicht über ihn und über die Marschkilometer, sondern über die Proben, die er sich *immer wieder für sie ausdenkt* ... Aber so fordernd ist er eigentlich IMMER. Obwohl sie ihn als Lehrobermeister *selten zu Gesicht* bekommen, *spüren sie durch ihre Lehrmeister* seine lenkende Hand ÜBERALL ... *Ordnung will er IMMER und ÜBERALL und Disziplin.* Das verkündet er *häufig*, meist dann, wenn er in den Lehrlingswohnheimen in Güttin oder Poseritz *auftaucht.* Er weiß, daß sie das oft erst lernen müssen. Aber darauf besteht er, weil es *wichtig ist für das Leben*, für das *zivile* wie das *militärische*, und dabei *hilft* er ihnen: in der Lehre, im Wohnheim und bei der vormilitärischen Ausbildung ... Jetzt begleitet er sie bei ihrem Marsch, läßt sie *nun auch noch* ein Lied singen. Was bei ihm einigermaßen melodisch klingt, er war schließlich *Mitglied des Garzer Volks- und Männerchors*, steigt bei allen anderen *nur noch als Gekrächze* zum Himmel. Kein Wunder, die Kehlen sind trocken – *und bleiben es* ... ›Warum machst eigentlich du das hier mit?‹ *Alle schauen ihn an.* ›Warum? Weil *ich* in unserem Land *mit aufgebaut* habe. ÜBERALL ... und wenn es nur ein kleines Stück war. Daran hänge ich. Und das werde ich schützen: Wenn es sein muß, mit der Waffe!‹«

12

Professor Horst Haase in der NDL über J. R. Bechers Nachlaß-Buch DER AUFSTAND IM MENSCHEN: »Unsere gesellschaftliche Wirklichkeit *selbst* verhindert, daß die um Ängste, Bedrängnisse und Tod kreisenden Reflexionen ... *übermächtiges Gewicht* erlangen ...«

13

Anrufbeantworter: »... wenn Sie sich aus meiner Leitung wegstöpseln würden mein Herr Um es schärfer zu wiederholen Es wäre mir angenehm wenn Sie sich aus meiner Leitung wegstöpseln würden mein Herr Um es schärfer zu wiederholen Es wäre mir angenehm wenn Sie sich aus meiner Leitung wegstöpseln würden mein Herr Um es schärfer zu wiederholen Es wäre mir angenehm wenn Sie sich aus meiner Leitung wegstöpseln würden mein Herr Um es schärfer zu wiederholen Es wäre mir angenehm wenn Sie sich aus meiner Leitung wegstöpseln würden mein Herr Um es schärfer zu wiederholen Es wäre mir angenehm wenn Sie sich aus meiner Leitung wegstöpseln würden mein Herr Um es schärfer zu wiederholen Es wäre mir angenehm wenn Sie sich aus meiner Leitung wegstöpseln würden mein Herr Um es schärfer zu wiederholen Es wäre mir angenehm wenn Sie sich aus meiner Leitung wegstöpseln würden mein Herr Um es schärfer zu wiederholen Es wäre mir angenehm wenn Sie sich aus meiner Leitung wegstöpseln würden mein Herr Um es schärfer zu wiederholen Es wäre mir angenehm wenn Sie sich aus meiner Leitung wegstöpseln würden mein Herr Um es schärfer zu wiederholen Es wäre mir angenehm wenn Sie sich aus meiner Leitung wegstöpseln würden mein Herr Um es schärfer zu wiederholen Es wäre mir angenehm wenn Sie sich aus meiner Leitung wegstöpseln würden mein Herr Um es schärfer zu wiederholen Etcetera ...« (Zum 13. 7. 84, dem Internationalen Telefontag.)

14

Utopischer Phantasie-Aufsatz der Schülerin Sieglinde Weymann, 13 Jahre alt – authentisch, authentisch wie all diese Zitate: »... wir wollen heute in Geographie die VDR Japan durchnehmen. Leider wohnen in Japan nur 12 Menschen. Sie sind zwischen 116 u. 209 Jahre alt. Der Vorsitzende ist Johann Frankenstein ... Dieser nun ist ab morgen in der DKR (Deutsche Kommunistische Republik). Er ist der älteste Sohn von Torsten Eierflaum. Und dieser ist der Schwiegerururrurenkel von Erich Honecker ... Wenn Frankenstein in die DKR kommt, werden wir ihn mit schönen Taubeneiern und Schweizer Käse, aber auch mit *Wanzen* begrüßen. Er wird sie gegen den Kopf geschmissen bekommen. So! ... Japan hat 3 Kohlen, 4 Goldstücke und 1 Edelstein ... Die politische Entwicklung ist durch die schönen Bezeichnungen: *Idiot, olle Kellerassel, tanzendes Turnungeheuerunkenschweinwanzenbaby* gekennzeichnet ...« (Berlin/DDR, 83).

15

Aus einem Bericht in der Zeitschrift SONNTAG (29/84): »Jetzt fiel auch bei mir das Stichwort ›Wald‹, was bei manchem das *sogenannte ›Waldsterben‹* assoziiert ... Professor Thomasius, Vorsitzender der Umweltgesellschaft und Professor an der TU Dresden, Sektion Forstwirtschaft Tharandt, legte die Probleme dar. Zugleich kritisierte er den Begriff ›Waldsterben‹, qualifizierte ihn als *unwissenschaftlich*, als journalistische Erfindung vor allem *westlicher* Medien ...«

Verläßlichkeit, ja, Verläßlichkeit! »Unterwegs zum Stern der Verläßlichkeit«, weiß man ihn noch, diesen mit solcher Schlagzeile überschriebenen TIP ZUM PARTEILEHRJAHR in der BERLINER ZEITUNG vom 12. Juni 1980? Ach, ich erinnere mich noch genau!, auch an die einprägsamen Äußerungen des Schriftstellers Gerhard Branstner, dessen Helden in einem seiner pseudo-utopischen Bücher auf eben diesem »Stern der Verläßlichkeit« landen und der zum Parteilehrjahr, auf Brecht anspielend, den prima Tip gibt, *todsicher* möchte unsereiner ihn nennen: »Das Einfache ist, was wir schon kennen, zum Beispiel, daß *ein Mensch* sich *auf einen anderen verlassen kann.* Aber es ist eine *private Sache*, wenn sich ein Freund auf einen Freund *verläßt.* Etwas ganz anderes ist es, wenn sich *jeder* Mensch auf *jeden* Menschen verlassen kann ... Es ist etwas Einfaches, aber das Edelste in den menschlichen Beziehungen ... Dahin machen wir im Sozialismus den ersten Schritt ... Beispielsweise kann sich ein Genosse auf einen ihm persönlich fremden Genossen in *wesentlichen Fragen verlassen* ... Im Kommunismus wird *dieser Vorgang*, daß sich *jeder* auf *jeden* und in *jeder Hinsicht* verlassen kann, *allgemein menschlich* sein ...« – Tips zum Parteilehrjahr, mit denen man wirklich einmal etwas anfangen konnte, Tips zum Parteilehrjahr, die einem wohltuen wollten – erinnert man sich? Und wie herzlich wir lachten über Nivea Persils so unangebrachte Zwischenbemerkung: »Wenn ick det schon höre: Stern der Verläßlichkeit ... Ick kann mir ja noch nich mal auf *mir selber* verlassen!« Ja, wir lachten, wir lächelten; denn daß wir auf dem richtigen Weg waren und nicht auf dem falschen, dafür gab es ja Anzeichen zur Genüge, hier ein wie ganz versehentlich fallen gelassenes Taschentüchlein, dort ein gewiß nicht zufällig um- und in eine bestimmte Richtung hingeknickter Zweig einer Silbertanne ... undsoweiter, undsoweiter. – Dann aber lasen wir Stanislaw Lem; oder wie ist das gewesen?

17

(Christa Wolf: »... Weiter war nichts, ist nichts. Warum ich das erzähle? Einfach so. Einmal haben wir zusammen ein sehr kleines Erdbeben erlebt. Etwas sehr Geringes, das wir selbst nicht spürten, hatte die Lampe angestoßen. Kaum, gar nicht spürbar war die feine Erschütterung für uns, die sich den festen Mauern des Hauses mitgeteilt hatte. Mich hat das verwundert, das ist alles. Wenn mich jetzt, häufiger, dieses Gefühl von Unwirklichkeit überkommt, erkenne ich es wieder ...«)

18

Günter Görlich 1983: »Nüchtern stellen wir fest: Die Widersprüche in der Welt verschärfen sich zusehends.«

(85/86)

Sprüche, in Stein gehauen (I)

Und auch dieses Unförmige und Zerbröckelnde ist aus dem Nachlaß-Dschungel Bubi Blazezaks ins Licht der KOSABLA geglitten, (ins zuckende Fransenlampenlicht der KOMMISSION ZUR PFLEGE UND WEITERENTWICKLUNG DER SAMMLUNGEN BLAZEZAK, der SABLA): »*Jetzt erst recht* – 'nen Doppelten und 'n PILS!« – »'Nen Doppelten und 'n PILS – *jetzt erst recht*!«; die beiden zentralen und nach wie vor zeitgemäßen, vielleicht sogar zukunftsweisenden WAHLSPRÜCHE Bubi Blazezaks, mit unbeholfen geführtem Stichel, mit Hammer und Meißel in gilbenden Sandstein gehauen, zwei »Steine«, um den Bildhauerjargon zu verwenden, mit Bubi Blazezaks Namens-Stempel verunziert und als Werk des lieben Verschiedenen kenntlich gemacht ... Andere bildhauerische Leistungen des sogenannten Casanova von Mitte sind bis auf eine halbgare Ausnahme trotz der sprichwörtlichen Geschmeidigkeit seiner Hände, ja, des blazezakschen Körpers schlechthin, entweder niemals ins Auge gefaßt worden von unserem Helden oder aber als nichtig erkannt und postwendend wieder zerstört – zweifellos, und die vorliegenden Talentproben beweisen es unwiderleglich, wäre der so vielschichtig angelegte Mann zumindest auf diesem einen Berufsweg alsbald in eine Sackgasse geraten. Wie geschlachtete Ferkel auf die Stehbiertische des schlachthallen-nahen GAMBRINUS gewuchtet – von Reverend Mönckemeier, wenn ich mich richtig erinnere –, wirkten die beiden volkskünstlerischen Exponate auf den ersten Blick bedeutender, als sie in Wirklichkeit waren, vor allem wohl dank der gedrosselten Beleuchtung, dem irritierenden fransendurchwobenen Zwielicht in diesem der KOSABLA vorbehaltenen Winkel unseres Stammlokals; ja, sie gewannen an diesem Ort (und *nur* an diesem) einen rätselhaft glimmrigen, beinahe magischen Schmoll- oder

Schmunzeltouch, welcher bewirkte, daß der suggestiven blazezakschen Ermutigung, ob so oder so gewendet, alsbald von sämtlichen anwesenden KOSABLA-Mitgliedern nicht nur *ein* Mal stattgegeben wurde an diesem Hochsommerabend: »Dieser Fund muß begossen werden!« – »Three cheers for Reverend Mönckemeier!« – »'Nen Doppelten und 'n PILS – *jetzt erst recht*!«

»Reverend Mönckemeier« (in Wahrheit handelt es sich um den Herausgeber der Kreuzworträtselzeitschrift TICK-TACK, den schon seit 46 amtierenden »Rätselpapst von Berlin«, um Udo Möllemann also!), »Reverend Mönckemeier« ist es dann auch, der im späteren Verlauf der Beratung die Richtung für weitere, noch tiefer schürfende Forschungen/Untersuchungen bezüglich der beiden »Steine« bestimmt – »Seltsam, daß diese nordische Spruchweisheit nirgendwo *stabt*« –, indem er gleichermaßen mürrisch und muttersöhnchenhaft-muffig die zeitweilige Bekanntschaft Bubi Blazezaks mit dem journalistischen Kader Harry Wexel in Erinnerung bringt. In der Tat – und Bubi Blazezak hat es mir selber nach dem *Abbruch der Beziehung* reumütig eingestanden – ist unser »Leopold Bloom der Schönhauser« während einiger halb konspirativer Zusammenkünfte in SUSIS SAUSE (doch auch im GAMBRINUS) wenigstens kurzfristig der bohrenden Überzeugungs-Arbeit dieses martialischen Mannes »fast hundertprozentig« erlegen, d. h. in den Bann von Theorien geraten, wie sie Dr. Harry Wexel erst viel später, zum Beispiel in der WELTBÜHNE 30/81 (authentisch!), auch einer breiteren Öffentlichkeit aufmunternd dargetan hat: »*Gibt es für Dichter oder für den Philosophen eine höhere Ehre, als seine Gedanken in Stein gehauen zu sehen?*« Und eben diese nur dürftig als rhetorische Frage getarnte These mag es gewesen sein, die Dr. Wexel seinem Opfer Bubi Blazezak unter die Jacke gedrückt hat, um ihr sofort die axiomatische Feststellung hinterherzuschieben – die Jacke muß sich ganz schön gebauscht haben damals –: »*Ein kluger Vers verleiht einem Gebäude etwas Unverwechselbares...*« – Mit hoher Wahrscheinlichkeit, glaubt sich unser Dr. Nachtfalter jetzt erinnern zu können, ist auch einer der drei Stehbiertische im GAM-BRINUS Zeuge geworden, ein knirschender nebenbei, als Dr. Harry Wexel dem »für alles Neue« stets aufgeschlossenen Bubi Blazezak ins, wie wir wissen, zutiefst und letztendlich *Künstlerische* Gewissen geredet hat – und auch diesen Appell hat der Journalist in der WELTBÜHNE 30/81 in cäsarischem Stil wiederholt –: »*Auf also, ihr Dichter und Denker der DDR*, gebt den Häusern unseres Wohnungsbauprogramms Worte *mit auf den Weg*« – ??? –, »die es wert sind, *in Beton gegossen zu werden... jetzt erst recht!*« – Einige Sympathisanten der KOSABLA führen es auf die schlecht verdaute Begegnung Bubis mit der Bildhauerin Daisy Erkrath zurück, daß er solchen Gedankengängen und Dekreten nicht nur sein allzu williges Ohr geliehen hat, sondern von einer Stunde zur anderen auch seine dichtende und schließlich sogar bildhauernde Hand, die gleiche nervige Hand, die bereits selber als Klein-Plastik Daisy Erkraths irgendwo in der DDR herumstand, eine der zahlreichen etwas makabren, wie abgeholzt wirkenden »Hände« – auch die meine hat vor den Augen der Künstlerin Gnade gefunden –, wie sie die Handschuhfetischistin aus Heinersdorf seinerzeit zu »arbeiten« pflegte... Aber Bubi Blazezak, leider, war wirklich keine Daisy Erkrath; und als Dichter, als Epigrammatist?... – Die KOSABLA will sich gleich dem Verfasser vorerst »in Zurückhaltung üben«, wenn es um ästhetische Noten für Bubi Blazezaks Eigen-Literatur geht; da die meisten von uns die verschiedenen Phasen unserer Volksbildung und zumal des Sektors DEUTSCHUNTERRICHT durchschritten und durchlitten haben, sind wir freilich fast einhellig der Meinung, daß als Textlieferant für Dr. Wexels literarischen Steingarten eigentlich nur Einer in Frage kommen kann, und das ist weder Bubi Blazezak noch Heinz Czechowski, sondern Kollege P. P., welcher vor wenigen Jahren im fern-fernen Autonomen Gebiet der Aponeuronen vom dortigen »Ersten Nationaldichter« in einem häufig zitierten Toast als der »Rainer Maria Rilke der Völker der DDR« und »Unverwelklicher Brunnen des Fortschritts« begrüßt worden ist ... (Daß L. L., dieser »Puschkin des Pamir«, letztens wegen seiner gleichfalls recht genialen und *ideenreichen* Schiebergeschäfte mit Schweizer Uhren und Britischem Kaviar seines hohen Ranges als »Nationaldichter« verlustig gegangen und in die Laienkunst-Staffel seiner Heimat strafversetzt worden ist, ändert kaum etwas an der Rechtschaffenheit seines Urteils über P. P. und ähnliche Kapazitäten.)

Pardon!, ich gerate ins Schwärmen ... Eigentlich wollte ich auf das Folgende hinaus: Was seit geraumer Zeit als Pin-up-Poem den Benutzer unseres sogenannten »Örtchens« aufmunternd anstarrt und in der Regel bei seinen ja oft so widersprüchlichen Bemühungen um reibungslose Defäkation unterstützt, wirklich, ich könnte es mir sehr wohl auch in Beton gegossen vorstellen und einem Vorzugs-Neubau in Marzahn oder Friedrichsfelde »mit auf den Weg gegeben«, wohin er auch immer führe; meterhohe, u. U. mal wieder gotische Buchstaben, in bräunlichroten und raffiniert zertriefenden Farben gehalten... Richtig getippt: Ein dazumal von einem großen DDR-Verlag als sogenannte »Lose Blatt Lyrik« vertriebenes Werk aus der Feder von Preißler ist es, eine Zukunftsvision in Versen, welcher die Benutzer des »Örtchens« lm GAMBRINUS bei einigermaßen »fluppendem« Stuhlgang o. ä. in der Regel mehrmals am Abend begegnen. Höchstwahrscheinlich in den frühen Siebzigern gedichtet, sind die Verse, wie Sie sehen werden, heute von der Wirklichkeit beinahe eingeholt:
BEETHOVENS NEUNTE
ERÖFFNET DAS
DRITTE JAHRTAUSEND
MILLIONEN
SIND ENDLICH
UMSCHLUNGEN
IN FRIEDEN
UND
FREUNDSCHAFT

ALS MÄCHTIGER
VATER
DER WELT
THRONT
DER MENSCH
ÜBERM
STERNENZELT
FREUDE
HAT SICH
DEM LEBEN
VERBUNDEN
DIESES
JAHR-
TAUSEND
WIRD
ANGEFÜLLT
SEIN
VON DEN VERWIRKLICHTEN
TRÄUMEN DER DICHTER.
– Nicht wahr?, man kann sie sich ohne große Mühe vorstellen, die großartigen und letztendlich begrüßenswerten Menschen, die Männer und Frauen jener Jahrtausendwende und des aufblühenden ZEITALTERS DES WASSERMANNS, Ihr seid es, Ihr!, Barbara und Sieglinde, Herbert und Heiner und Heinz, und man kann es sich vorstellen, wie sie sich, Roll over Beethoven, nachdem die obligatorische Neunte verhallt ist – könnte es nicht auch mal was anderes sein? –, gegenseitig mit den Ellbogen in die Seite stoßen und auf die scheinwerfererhellten *Wortkaskaden* droben an der Hochhauswand aufmerksam machen: »Kiekma, in Beton, wa!« – » Müßte aber mal wieder neu anjestrichen werden! Det die Farbe bei uns imma so rasend schnell 'runterblättern tut! Is' mir'n Rätsel!« Und man hört sie, diese GARANTEN DES DRITTEN JAHRTAUSENDS, wohlgemut die inzwischen klassisch gewordene Spruchweisheit Bubi Blazezaks zitieren: »*Jetzt erst recht* – 'nen Doppelten und 'n PILS!« Und andere hört man proper erwidern: »'Nen Doppelten und 'n PILS – *jetzt*

erst recht!« (Den Widerspruchsgeist unseres Opa Poensgen wird es natürlich wie stets nach etwas Besonderem rufen lassen: »Een'n kleen'n Thymian, wenn vorhanden!«, was nichtsdestotrotz, wie sämtliche Wirte der Hauptstadt längst wissen, auch auf nichts anderes zielt als ein großes Bier und einen noch größeren Adlershofer...) – »Aufs dritte Jahrtausend!« – »Und speziell auf uns beede, Marina!« – »Guten Rutsch allerseits!« – »So ein Ta...a...ag, so wunderschön wie heute!«... Und SATT EINS bis SATT ZWEIUNDZWANZIG übertragen für alle televisions-begnadeten Völker, eingeschlossen die der zwei deutschen Staaten, das GROSSE INTERNATIONALE MILENNI-UMS-WUNSCHKONZERT mit National-Altchen Drafi Deutscher (welcher *den* Hit der Saison zu Gehör bringt: »Ja, mit Bärbel und Brigitte / schlittre ich ins Dritte...«) und der Vollversammlung der Vereinigten Fischer-Chöre: »So ein Ta...a...g, so wunderschön wie heute...« (Und lediglich eine verschwindende Zahl von Lyrikern und Intellektuellen, schwankend wie immer, schwankt zwischen Strick und Strychnin, ohne uns einen plausiblen Grund für solche Unentschiedenheit nennen zu können); etcetera.

Zurück ins zweite Jahrtausend und zu unserer Kommissionstätigkeit, zurück zu den beiden Steintafeln aus dem Nachlaß Bubi Blazezaks sowie jener unvollendeten bzw. eigenhändig lädierten dritten, auf welcher ein einziges Wort nur erhalten geblieben, die alarmierende Vokabel »TEUFELSZEUG...«, vermutlich bezogen von dem geradezu krankhaften Nicht-Raucher Bubi auf etwelchen sauerkrautähnlichen Knaster aus den oberlausitzischen Tabaks-Gestüten – oder vielleicht sogar auf die KARO, die einzige *ernst zu nehmende* Zigaretten-Creation des Landes? (Hier wird mir die gehobene Literaturkritik neuerlich Verfallenheit ans Banale und an den Kahlauer »attestieren« wollen, ob FATZKE oder TATZKE – und, widerwärtig, schon wieder!) Jedenfalls kündet dieses Fragment, dieser Torso wohl doch von einer dritten und letzten bild-

bzw. spruchhauerischen Unternehmung des zu leicht entflammbaren Casanova von Mitte; nach Auskunft von Dr. Nachtfalter ist sein Interesse an diesen Dingen – wie gleichzeitig seine unerquickliche Zuneigung zu Dr. Harry Wexel – gleich einem »beleidigten Wiesenquell versiegt«, nachdem ihn ein Kenner (eben jener Dr. Nachtfalter) darüber aufgeklärt, daß bereits der von Bubi Blazezak »nur wenig geschätzte« sogenannte FÜHRER Adolf Hitler ähnliche Hirnrissigkeiten wie die wexelschen hinausposaunt hatte, mit der flotten Begründung nebenher, »Worte aus Stein« wären »im Tiefsten wirksamer noch als die *gesprochenen*...« – Dr. Nachtfalter glaubte der KOSABLA gegenüber die Wiederholung dieses Hinweises in die Erwägung münden lassen zu müssen, daß »auch unbeschriftete Steine, vielleicht in Gestalt der beliebten Pflastersteine, gelegentlich durchaus ausreichend sind«, was nun wirklich einmal als ein kaum noch erträglicher Gemeinplatz markiert zu werden verdient ... (Aber in *diesem* Fall wie in manchem anderen läßt man selbstverständlich, ich weiß es im voraus, wieder mal Fünfe gerade sein und drückt nicht nur eines, sondern beide Kritiker-Augen zu, im Zeitalter des Wassermanns so gut wie heute.)

(87)

Statt einer Vorbemerkung

Ankündigung eines Almanachs DIE SCHUBLADE (Mitteldeutscher Verlag Halle/Saale, 1982): »Abenteuerlich ist das Kramen in Schubladen, in eigenen *wie in fremden*. Die *besonders verschlossenen* Schubladen von Literaten strahlen einen eigenen Reiz aus... *Wir nutzten den Moment, in dem die Lade geöffnet wurde* und Einblick gewährte in FERTIGES und FRAGMENTARISCHES, in TAGEBÜCHER, SKIZZEN, NOTATE, ENTWÜRFE...« – Otto (ein Manuskript verzehrend) im CAFÉ MOSAIK: »Die vafüjn ja ooch übahn duftet Naturell – interessant, interessant!«

(82)

Wir Jungs von Ypsilon-Acht
oder der Lagebesprechungswimpel

»Betrifft: *Benutzen der Wasch- und Trockenräume und das Ein- und Austragen in das Hausbuch* / Es ist bekannt, daß Herr Frischke ins Haus 2 gezogen ist. Der Waschraum- und die Trockenraumschlüssel sind ab heute bei mir abzuholen bzw. abzugeben. Zimmer 56. / Ich arbeite im 4-Schichtsystem in der C-Schicht und bitte deshalb beim Anmelden und Abholen der Schlüssel dieses zu berücksichtigen. Ein Schichtplan zur Einsichtnahme wird ausgehängt. Ich bitte diesen hängenzulassen. Außerdem kann es vorkommen, daß ich in der Freischicht nicht anwesend bin. Dann sind die Schlüssel an die Zimmernummer weiterzugeben, welche im Vermerkkalender angegeben ist. Ich hänge diesen bei längerer Abwesenheit an die Türklinke. / Eintragungen in das Hausbuch haben *bei mir persönlich umgehend zu erfolgen.* Bei Abwesenheit meinerseits, erfolgt eine Nachricht *in meinen Briefkasten.* / Austragungen aus dem Hausbuch erfolgen ebenfalls bei mir. Bei Abwesenheit meinerseits muß zumindest die neue Adresse und der polizeiliche Abmeldetermin bei Herrn Frischke Haus 2 Zimmer 12 hinterlegt werden. // ANWEISUNG: Ab sofort hat das Benutzen der Wasch- und Trockenräume nur mit meiner Zustimmung bzw. Absprache zu erfolgen. Es ist verboten, diese mit Nachschlüsseln zu benutzen. Bei Nichteinhaltung sehe ich mich gezwungen, Anzeige zu erstatten. / Halle-Neustadt, den 17.7.1980 / Roland M...«

... eine vollkommen andere Fragestellung liegt aber vor, sobald ein Besucher der Hauptstadt, und diese Fälle wollen sich seit dem letzten Osterfest häufen, ein sogenanntes HAUSBUCH nicht nur mit pflichtgemäß flattrigen Nüstern zu beschnuppern sich heißt, sondern es tatsächlich verspeist!; wie wir Jungs von Ypsilon-Acht es wieder einmal mitansehen mußten vor kaum einer Woche, als ein im besten Mannesalter stehender Prenzlauer-Berg-Freak in rüdestem Tankwartdreß und mit provokant umgebundenem Schlabberlätzchen, der Name tut nichts zur Sache, frei aus dem Stand heraus ein komplettes HAUSBUCH verschlang vor unseren ratlosen, wohl auch traurig verdunkelten Blicken, und zwar mit annähernd stechmückenartiger, besser noch: libellenhafter Geschwindigkeit, ohne auch nur das winzigste Knöchelchen übrigzulassen für Katze, Kanari und Hund!: Was soll man als ein täglich doch mindestens sieben Mal urinierender Mitarbeiter von Ypsilon-Acht dazu sagen? Jachmütig nur in den seltensten Fällen, eher ein wenig versonnen, wie ja weithin bekannt ist, fanden wir wieder einmal den passenden Augenblick gekommen, unseren Lagebesprechungswimpel aufzustellen, auch in stürmischen Zeiten aufrecht dank klobigem Bleifuß, ja, den Lagebesprechungswimpel flattern zu lassen, wie er sämtliche Jungs von Ypsilon-Acht, juppheidi, zu sofortiger Lagebesprechung herbeizurufen bestimmt ist; und sofort fand in einem ausreichend abgesicherten Lagebesprechungswinkel eine unserer Lagebesprechungen statt, um so dringlicher sie, als es bereits der dritte uns bekannt gewordene Fall dieser Art im Berichtszeitraum war ... Staunenswert, buchenswert eigentlich unsere Geduld, unsere Sanftmut!; aber irgendwann sieht man dann eben rot: Soll es zum Volkssport ausarten, daß winters wie sommers willkommene, ob auch der *Meldeflicht unterliegende* ehrfürchtig staunende Gäste des PALASTES DER REPUBLIK und des TELE-CAFÉS das von wachsamen Hausbuchführungs-Ehepaaren vorwurfsvoll dargewiesene HAUSBUCH nicht nur behandeln wie Luft, was relativ häufig geschieht, sondern es ganz im Gegenteil mit überschwenglichen Dankesbezeugungen, ja, gierig an sich reißen und es sodann im wildesten Zeitraffertempo, ehe wer Piep sagen kann, in sich hineinschlingen Seite für Seite und offenkundig nicht ohne Gewinn – wie das krankhafte Lächeln solcher Menschen bezeugt – und schmatzend verzehren?; als wäre es Manna, das HAUS-BUCH, als wäre es Mus! Selbstverständlich entschwindet es einer besorgten Öffentlichkeit einschließlich aller in dem betroffenen HAUSBUCH festgehaltenen unterschiedlichen Vor- und Familiennamen, aller Berufsangaben – zum Beispiel *Lyriker, Lyriker-Kandidat, Lyrik-Kritiker,* hin und wieder *Lyrik-Lektor* sogar –, ebenso aller Ausweis- und sonstiger Nummern, Heimatadressen und Fettflecken jener ungleich reiferen Bürger, welche innerhalb der vorgeschriebenen vierundzwanzig Stunden – nein, nicht mehr binnen drei Tagen wie noch im vorigen Jahr – in der angemessenen würdigen Haltung und mit gründlich gewaschenem Fuß ihrer Meldepflicht nachzukommen Lust und Laune gezeigt, kurz, Verantwortungsfreude *in den Kämpfen unserer Zeit...* Ihretwegen allein schon war es geboten – und ohne das übliche philosophische Zögern –, unseren Beratungs-, beziehungsweise Lagebesprechungswimpel zu hissen und sich tüchtig zusammenzuraufen bei 'ner Molle un'n Korn (höchstens zwei'n): Sind wir für diese äußer- und innerlich sauber gebliebenen Kolleginnen und Kollegen im wesentlichen nicht hauptsächlich da?, wir Jungs von Ypsilon-Acht und auch Ypsilon-Sieben? Der sogenannte Sinn des Lebens, für unseren Kreis zumindest war er, da er bei derlei Arbeit im Augenblick einleuchten will, noch nie ein Problem!, könnte es allerdings unter Umständen und zur Überraschung so manch eines Kameraden Kämpfer leicht werden, wenn man es verabsäumen würde, regelmäßig und vor allem rechtzeitig die Lagebesprechungs-Frage zu stellen, wenn man mehr als unbedingt nötig dem Affen des Schlendrians Zucker zu geben sich bereit fände heute und hier, wie es – und weder Vollmond noch Neumond herrschten – vor wenigen Monaten mal im Gespräch war und einmal sogar zum Tagesordnungspunkt einer eher turnusmäßigen Lagebesprechung zu reüssieren vermochte, hineingeschmuggelt ins Beratungs-Geschehen von einem unserer Besten – als *Verbesserungsvorschlag*!, da soll doch das grüne Schneewittchen dreinfahren! Jachzorn, laß nach!... Der

Fakt wiederholter HAUSBUCHVERTILGUNG und ähnlicher Geschmacksverirrungen hätte den inzwischen unauffindbar Versetzten sicher Mores gelehrt und zu raschestem Handeln bekehrt, pinkepank, pinkepank!: Ach, alle die vielen Namen unserer Aktivisten und sonstigen Besten, zwischen den Zähnen einer einzigen zu nur zweiundfünfzigstündiger Stippvisite in Prenzlauer Berg und am Alexanderplatz fragwürdigst aufgekreuzten Type aus der Blumenstadt Erfurt zermulmt und zermahlen, zermatscht und zermoost!, mittels überreichlich rinnenden unappetitlichen Speichels aufgelöst zu einem undefinierbaren Brei dann, schließlich in Richtung Magen unfein heruntergezutscht, mit anderen Worten: gefressen!; aufgefressen von irgendeinem Herrn WiewardochnochgleichderName und hoffentlich, wie man sarkastisch hinzufügen möchte, halbwegs verdaut – der eleganteste Lösungsweg selbst im Fall einer Nervenkrise gewiß nicht; wäre wenigstens der Begriff des tragischen Irrtums am Platze, doch, leider, auch er scheidet aus... Der dritte Knallfrosch solchen Kalibers in kaum mehr als vier Wochen!, zum dritten Mal bereits seit Pfingsten solch entwaffnend stichflammenförmiger Ausbruch des HAUSBUCHKANNIBALISMUS, wie die Fach-Wissenschaftler es nennen!, karnevaleske Fratze, herausgestreckt sie der Anmeldepflicht! (»Menschen..., seid *wachsam!*«; oder, wie es in einer früheren Übersetzung des Fučikschen Rufes gleichlautend heißt: »Menschen..., seid wach!«) Niemand und nichts kann uns hindern – selbst die eigene zunehmend eingedickt-madenmehlige sogenannte *Befindlichkeit* nicht! –, unter solchen schockierenden Umständen unseren Lagebesprechungswimpel zur Geltung zu bringen wie auch den Folgen dann, einer neuerlichen Lagebesprechung, tapfer ins Auge zu sehen; nichts und niemand, am allerwenigsten aber die fadenscheinige Beteuerung eines gewissen recht unberatenen und zweifellos niemals so richtig erwachsen gewordenen, außerdem ideologisch verfummelten Popper-Opas aus Erfurt, in seiner speziellen Angelegenheit wäre die internationale Kunstkritik zuständig, einzig diese, wenn überhaupt wer, nimmermehr aber Ypsilon-Acht!, und die Gesetzblätter läse er aus Prinzip nicht, der Unbeschadetheit seiner optimistischen Weltsicht zuliebe – seltsame Vögel, die dieses Blumendorado Erfurt hervorbringt –; er stünde nicht an, *das Ganze* (welch verdorbene Ausdrucksweise) als vornehmlich *künstlerischen* Vorgang zu deklarieren, nämlich als die typisch Erfurter Variante der sogenannten AKTIONS-KUNST..., absolut pseudo-theoretische Schnurrpfeifereien, das ist ja klar!, mag deren Erfinder sich auch als Sozialistischen Realisten begreifen, da er die Zähne in das HAUSBUCH, wem gehört es denn eigentlich?, schlägt! Und welch eine Bodenlosigkeit, uns Jungs von Ypsilon-Acht, gerade uns!, den Begriff der BODY-ART in fast schon entwürdigend kalter Manier ins Antlitz zu schleudern sowie eine Reihe angeblich »*wirklich wichtiger* Namen aus der UNDERGROUND-SZENE«, sie wurden natürlich von unserem Fräulein Doktor Wanze notiert, mit denen kein einziger von uns etwas anfangen konnte – wir könnten sie also im Bedarfsfall nicht einmal der Staatlichen Verschweigungs-Anstalt empfehlen und so verdienter Vergessenheit anheimfallen lassen –; das Ganze mit dem ekelhaftesten Restspeichel dieses, mit Verlaub gesagt, Neu-Asozialen vermengt! Selten war der Grund triftiger, wenn es die Aufstellung unseres Lagebesprechungswimpels vorzunehmen hieß oder galt; ach, und doch wie verstohlen zuweilen, der internationalen Kunstkritik wegen eventuell?, wie verhohlen zuweilen gerade in solchen Fällen des Lagebesprechungswimpels kühles Geflatter über unserem und Kurt Mühles Geschnatter!; gipfelnd das Ganze, was die Angelegenheit HAUSBUCHVERTILGUNG betrifft, in dem einzig Richtigen, einer zugespitzten Empfehlung an den Verband, die Verbände: Ob es nicht endlich Zeit wäre für ein klärendes Wort der Verbände und eine verallgemeinerungsfähige Zurückweisung solcher *Fehl-Kunst* durch den Verband!, einer *Blödsinns-* und *Diversantenkunst,* welche sich – Hände schüttelnd nach hier und nach da – fiebrig und rülpsend als das Allerneueste aufspielt; nach dem Urteil des Kunst-Experten von Ypsilon-Acht, eines zweifachen Doktors (!) und Theodor-Körner-Preisträgers (!!), handelt es sich um das Letzte, das *Allerletzte* ... Wollen die Verantwortlichen, ob männlich, ob weiblich, es weiterhin auf die leichte Schulter nehmen, was auf diesem Sektor an staatlicherseits bekanntlich noch lange nicht anerkannten Übergriffen geschieht?, wollen sie immer noch ihre Ohren mit Wachs verstopfen gegenüber sich mehrenden Empörungsschreien aus der Bevölkerung straßauf und straßab?, an der Spitze der Wütigen natürlich das Heer der HAUSBUCH-HALTER und deren engere Familienangehörigen, welche mit Recht um die Macht und ihr persönliches Ansehen fürchten; glaubt man sie wirklich hochmütig für ein Nichts erachten zu dürfen, Volkes Bedürfnisse, Volkes Meinungen, Volkes Zorn? Das kann doch nicht wahr sein!, fast fünfunddreißig Jahre nach der Schöpfung unseres Staates und unserer spezifischen Welt! – Oh, oh!, jenes Lodenmantels, erinnern Sie sich?, des Franz Schmidt, oh, oh!, dieser ohnehin schon zermorschte, zusätzlich von einem vorbildlich einsatzfreudigen Grenzhund im Vorjahr zerrissene Lodenmantel des maßstabgebenden Laien-Jodlers Franz Schmidt, dieser nahezu jovial zerfetzte und übrigens kaum modisch zu nennende Lodenmantel drunten im Tal, welchen die Künstlerverbände zum Anlaß für manche recht unproduktive, eher schädliche Polemik genommen!... Wo es hingegen um *echte Belange* geht wie in der HAUSBUCH-VERTILGUNGSAFFÄRE, zieht man es von unten bis oben vor, betreten in den Toiletten unterzutauchen oder klammheimlich ins Schmirgelpapier zu lachen beziehungsweise arg schmierig zu schweigen!, Verschmitztheit ist garnix dagegen!: Kein Wunder, wenn bei weniger Eingeweihteren allmählich der Eindruck stillschweigender Duldung entsteht! Aber ewig darf es nicht weitergehen in diesem Stil landauf und landab, ewig wird man sich nicht so einfach darauf verlassen können, daß Ypsilon-Acht mit seinem schon mächtig verdrossenen Fuhr- oder Fahrzeugpark und seinem zumindest partiell bös zerschlissenen Lagebesprechungswimpel *die Chose allein fummeln wird*... Ausmuddern!, ja, wahrhaftig, AUSMUDDERN!, laute von diesem Moment an – *und wir sagen's nicht zweimal!* die zentrale Parole mit einem schönen altdeutschen Wort, das uns von unserer Hilfskraft Frau Fettkenheuer/Mitte klammheimlich zugespielt wurde. – Gehupft wie gesprungen: Die rechte Freude macht es alles nicht mehr in diesem Dezennium (bitte, Uhrenvergleich!), in solch einer Milchstraße der Zerstrubbelung aller Erscheinungen bis hin zur Chronometer-Verwahrlosung par excellence; ÄRA DER UNPÜNKTLICHKEIT (als solche wird sie in das später zu schreibende Geschichtsbuch eingehen müssen), Ära des unaufhörlichen Zuspät- beziehungsweise Zufrühkommens auch der qualifiziertesten Kader mitunter sogar von unserem Ypsilon-Acht, Ära des augenscheinlich unaufhaltsamen Vormarschs eines weltweiten Dauerschnupfens, der nicht nur den Organismus des Homo sapiens unziemlich quälend befällt, sondern offenbar auch die kleinen wie großen Uhrzeiger aller Systeme erfaßt hat (vorzüglich in den Stadtteilen Mitte und Prenzlauer Berg: Berlin/DDR)! Man sehe sich doch einmal unbefangen auf unseren Öffentlichen sogenannten *Abtritten* oder in unseren Kommunalen sogenannten *Papierkörben* um! Spaß macht es kaum noch, knapper ausgedrückt: Spaß macht es kaum ... Eine Situation ist entstanden, die nach der Meinung unseres seit längerem fußkranken Vize Platzöhzack eigentlich bereits die Dauer-Aufstellung des Lagebesprechungswimpels erheischt, eine These, bestechend oder nicht bestechend, welche natürlich die sofortige Aufstellung unseres Lagebesprechungswimpels erheischt, und sei es auch nur zur Überprüfung der stetigen Einsatzbereitschaft unseres Sonderkommandos für nasse Angelegenheiten und ob es auch fürderhin den Ehren-Namen YPSILON-ACHT tragen darf. Das Ergebnis hat bis zu dieser Stunde, *dies* allen Panikmachern ins Stammbuch!, glücklicherweise immer noch gelautet: Wo wir Jungs von Ypsilon-Acht den Lagebesprechungswimpel aufstellen, findet zwangsläufig eine Lagebesprechung statt; freilich muß eingeräumt werden, daß unsere Lagebesprechungen immer häufiger auch der Frage sowohl nach der Zweckmäßigkeit beziehungsweise der Modernisierung des Lagebesprechungswimpels selber sich widmen als auch den zunehmend kritischeren Geschmacksurteilen (HERABWÜRDIGUNG?) betreffs seiner zackigen Form – »Es triumphiere das Sinnvoll-Ovale!«, hört man neuerdings ständig –; schließlich geht es wieder und wieder um die Suche nach günstigeren Lagebesprechungs-*Winkeln,* in denen der Lagebesprechungswimpel möglichst nicht ganz so schlaff hängt wie bei den letzten zwölf Lagebesprechungen, sondern freudig zappelnd wie in älteren Zeiten zu flattern vermag, um uns Jungs von Ypsilon-Acht mal wieder so richtig tüchtig Auftrieb zu geben! Denn mit einem gelinden Sich-den-Hinterkopf-Kraulen ist es beim besten Willen nicht mehr getan, wenn ein Kultgegenstand wie das DDR-HAUSBUCH als eine Art Graubrot der Marke MALFA-KRAFFTMA verwandt wird, und nachdem es im gleichen Berichtszeitraum geschehen konnte, daß einer der erfahrensten, wenn nicht gar durchtriebensten Spitzen-Spezialisten von Ypsilon-Acht, der Name tut nichts zur Sache, in Augenblicken unbeherrschtesten Heißhungerdralls nach einer entbehrungsreichen, allzu ausgedehnten Lagebesprechung ihn selber, den Lagebesprechungswimpel höchstselbst mit nikotinbraunem Pferdegebiß zu schnappen verstand und ihn, als handle es sich um eine Lachsschnitte, *ohne Nennung von Gründen,* ebenso *ohne nochmalige Rückfrage* weg- und herunterzukauen die unzweideutigsten Anstalten machte, wie es im Fachjargon heißt! – Ein herzliches Dankeschön samt fünfzig Mark Prämie der oft schon bewunderten Geistesgegenwart von Ypsilon-Acht, welche dem allerletzten noch draußen hängenden irgendwie winkenden Zipfel die rettende Hand reichen durfte; ein Faden eigentlich nur noch, an dem die Rettung des Lagebesprechungswimpels hing, ein maggipilz-dünnes zittriges Fädchen: Daß augenblicklich der Lagebesprechungswimpel aufgestellt, gehißt und flattern gelassen wurde, wird wohl niemanden mehr vom Stuhl reißen, fast wie selbstverständlich erwartet dieser Verlauf der Dinge vom verständigen Bürger mit seiner für unsere Republik charakteristischen gleichmütig-wehen Bedächtigkeit oder bereits wie im Tran ... AUSMUDDERN!, gründlich ausmuddern!, lautete das Resultat am Ende dieser dann doch noch ganz außergewöhnlich beschwingten Lagebesprechung; AUSMUDDERN bis ins Wurzelwerk hinein und ins Grundwasser!, laute die Parole um Nuancen schärfer auch heute, und: Fangen wir, holterdipolter, bei dem Verfasser solchen blechern knisternden Wahngebildes, wie es hier vorliegt, solchen ganz überflüssigen Wechselbalgs von Prosa-Poem WIR JUNGS VON YPSILON-ACHT ODER DER LAGEBESPRECHUNGS-WIMPEL zuerst einmal morgen schon mit dem Ausmuddern an! – Kein einziges noch so krummes Halbsemikolon für Verstörnis, Zerschlagenheit, rotze Verulkne hinfort! Kein einziger noch so verhehlter Pendel- und Pinselschlag im Interesse des Niederziehenden und Verkrachten in unserer Gesellschaft, wie es sich leistungsschwach vordrängeln will bei der Nacht! Kein einziger Knalltütenknall für die Verherrlichung des provokatorisch Kränkelnden inmitten all des Gesundgeschriebenen und Starken zwischen Rostock und Suhl, zwischen Görlitz und Magdeburg, zwischen Prenzlauer Berg und Marzahn... Die DDR – eine unverrückbare HOCHBURG DES HAUSBUCHS!

(83)

K. definiert: »... ich würde es am liebsten einen kriminellen Polizeistaat nennen! Und du? Nun mal raus mit der Sprache!« – »............... Krimineller Polizeistaat? Ach was!, noch nicht einmal das!«

(85)

Die Wände/Husemannstraße Hinterhaus rechts

1

»Du Blödian, Sandsack, Drecksnudel du – wo sind denn schon wieder die grünen Hustenbonbons? Kannst Du denn nie wieder etwas an den Platz zurücktun, wohin es gehört, du ideologische Null?«

2

»Aber die Tauben auf den Dächern wissen das alles nicht«, sagte die nachdenkliche Frau Z., »die Tauben wissen es nicht«, seufzte Frau Z., welche am Rentenauszahlungstag ihre Rente versoffen hat bis auf drei Mark. – Die Tauben wissen auch das nicht.

3

»Herumgetrieben hat er sich, sonst nichts, herumgetrieben bis zum vierzigsten Lebensjahr – und immer im selben Zimmer!«

4

Und dann hörte ich den Physikprofessor sagen: »Sie sind nach dem Kind so schön geworden, daß es mir weh tut, unwahrscheinlich: wie schön! Und es kommt mir so vor, als ob Sie mit jedem Tag schöner erblühn seit dem Kind! Und immer weher tut es mir hier, wenn ich hinseh – Du wirst immer schöner!« Und ich hörte sie rosafarben werden, die Mathematiklehrerin, an Schläfen und Stirn, und hörte sie lächeln und ernst werden ...

5

Aber auch die Schmollschen Geschwister, die der Nachbarin gram sind, weil sie die geheimgehaltene Pfifferlingsstelle hinter Schönfließ endeckte – »Sie hört immer nur RIAS«, erfahren wir von Toni und Trude Schmoll.

6

Einer mit schwitzender Stimme, der seiner kichernden Gattin (oder wem sonst?) aus de Sade vorliest: »Es gibt ohne Zweifel nichts Wollüstigeres in diesem Projekt als die luxuriöse Art seiner Ausführung... hahahaha!«

7

»Und wer füllt die Steuerbescheide aus? Ich! Immer ich! Was ist denn wichtiger: Deine grünen Hustenbonbons oder der Wisch für die Steuer?«

8

Stille jedoch bei E. K. –: Zwei der besten Ohren des Landes.

9

»Wenn eine Frau, um die Du wirbst, Dir mit lächelnder Betonung erklärt, sie möchte sich ihre Unabhängigkeit bewahren, kannst Du mit 90 Prozent Sicherheit davon ausgehen, daß es sich um Franz, Willi oder Karlemann Unabhängigkeit handelt. – Pardon, Luise, habe ich recht?«

10

»Und die Mülleimer stinken auch schon wieder zum Himmel! Als ginge es nur um die grünen Hustenbonbons! Um den Bestand unserer Ehe geht es, mein Lieber, um es einmal ganz deutlich zu sagen! Reite mir nur nicht auf den grünen Hustenbonbons herum!«

11

Exzess eines Freundes. – »Melos, was heißt denn hier Melos!?«, schrie K. mir jählings ins erblaßte Gesicht, »Melos, dafür kratz ich mich nicht mal am Hintern!«

(78)

Nachrichten aus der Hölle/
Eine Non-Predigt

Liebe Gemeinde, meine Damen und Herren! – DICHTER PREDIGEN; ich hätte gewarnt sein müssen, und ich hätte mich abschrecken lassen sollen allein schon vom Motto dieser Veranstaltungsreihe, wenngleich einer von Dichtern wie Günter Kunert erfundenen. Ist es denn nicht für uns Meister des sogenannten Künstlerischen Wortes der furchtbarste Tadel, als »Prediger« bezeichnet zu werden? PROPHETEN – ja!, bitte, gern, bitte, gleich! Doch PREDIGER!? – Um des Himmels willen! Verblendet vom Teufelswerk eines un-normal hohen Honorars, berauscht zudem von der Akustik der Kirche ST. PETRI ZU LÜBECK, habe ich mich trotz aller Bedenken an diesen als Heinrich-Mann-Stadt bekannten Ort transportieren lassen, in dessen Zentrum ich jetzt zerknirscht und zerknittert stehe und Sie händeringend um Verzeihung bitten muß: Es wird bestenfalls eine Non-Predigt werden, was in den nächsten vierzig Minuten auf Sie hinabrieseln wird, bzw. ein nicht allzu seriöser, fast narrativer Bericht; ein Bettel statt der verheißenen Predigt ... Dabei hatte ich mich doch bereits bis zu einer mahnenden Spruchweisheit vorgearbeitet (wenn schon nicht bis zu einer Bibelstelle), von welcher meine Überlegungen ausgehen sollten, nämlich bis zu einem der kühnsten Sätze in dem Referat DIE VERANTWORTUNG DER FDJ FÜR DIE KOMMUNISTISCHE ERZIEHUNG IN DER PIONIERORGANISATION ›ERNST THÄLMANN‹ UND DER OBERSCHÜLER, vorgetragen 1984 von der hohen Jugendfunktionärin Helga Labs und in der Zeitung JUNGE WELT zum Abdruck gebracht; der Satz lautet: »Gespräche über das Gelernte, auch das phantasievolle Spinnen, das ruhig mal über das Ziel hinausschießen darf, sind *stärker zu entwickeln...*« – Soweit die hoffnungsvoll stimmende Sentenz aus bedeutendem Mund; aber das übrige für die intendierte

Predigt bereit gelegte Material... Ach, *so* Desperat-Poppiges hatte Helga Labs wohl schwerlich im Auge gehabt, wie es die Klassenlehrerin »Salome X.« ungefähr zur gleichen Zeit ihrer Schülerinnen- und Schülerschar in Berlin-Mitte entlockt hat: »Wir sahen Jesus. Neben ihm stand Odysseus und Tarzan. Ich blieb für immer bei ihnen.« Das Ende einer sogenannten LÜGENGESCHICHTE, einer von circa vierzig solcher Stories aus der Feder von elf- bis dreizehnjährigen Pionieren – »Pionierinnen« oder »Pionösen« gibt es für unsere offizielle Maskulin-Sprache nicht –, angestiftet sie zu derlei aufschlußreichen Phantasmagorien, wie gesagt, von »Salome X.«, die ich viel lieber Fräulein Doktor Glasnost nennen möchte, welche das Risiko nicht gescheut hat, der Sieben-A und Sieben-B einer EOS, einer Erweiterten Oberschule also, in Berlin/DDR aufmunternd und illegal nahezulegen: »Nu', schreibt einfach mal so drauflos, wie es Euch gerade so einfällt...« Das Ergebnis, d. h. eines der Ergebnisse: »Guten Abend, meine Damen und Herren, Sie hören Nachrichten... In Japan wurde der Präsident Jan Apfelsine begrüßt. Zu dem freudigen Anlaß wurde Egon Schmidt mit seiner Blaskapelle in die Hauptstadt Japans Korea eingeladen. In Stockholm wurde heute der Berliner Fernsehturm fertiggestellt. Erich Honecker rief vor Freude ein dreimaliges ›Hoch‹ aus. Danach ging er mit der Frau von Helmut Plumperquatsch in die Bastille um ein kräftiges Mittagsmahl zu sich zu nehmen. Nach der Stärkung besichtigten sie die deutsche Dogge im Dresdner Zwinger. Frau Plumperquatsch fiel gleich im hohen Bogen um...« – Wie konnte ich nur dem abstrusen Gedanken Zucker geben, mit solchen Geschichtchen das allzu anämische Predigerhafte in mir in Gang zu setzen, in Gang zu halten? Nun, vielleicht flammt es am Schluß auf!

Öffentlich und laut nachdenken ließe sich indessen immer wieder über die Frage, welcher mephistophelische Geist es sein mag, welcher unseren Bürgern Jahr um Jahr vor allem *mir* die delikatesten und »heißesten« Materialien zuzuspielen befiehlt, einem der anrüchigsten Disozialen der Hauptstadt und des Landes schlechthin. Freilich, das

Verrückteste an Material-Zuträgerei, auch später durch nichts übertroffen, hat zweifellos diese »Salome X.« geboten, maskiert vom Kopf bis zur Wade, die SCHWARZE MASKE par excellence, und ganz so hergerichtet, als wäre der AMADEUS-Film bereits 1984 modebestimmend gewesen. Sicher eines der Erlebnisse, derer man sich (zurückblickend) auf dem Sterbelager noch erinnert!; es klappert, es klingelt, es knackt; du denkst: Aha, die Briefträgerin wieder einmal!; und statt dessen steht eine vollschlanke Dame in austriazistisch-venezianischer Vermummung vor deiner Tür (und es ist keinesfalls Karnevalszeit), eine anthrazitfarbene und glasperlen-umstickte Maske, hinter welcher es vermutlich recht lebhaft zugeht, da du die Worte vernimmst: »Nennen Sie mich vorläufig SALOME X. oder einfach DIE KLASSENLEHRERIN! Später eventuell Genaueres! ... Sie sind wirklich der Schriftsteller HAMMETT?« – »Mein Name ist Endler, Eddy »Pferdefuß« Endler; fünfundfünfzig...« – »Dann sind Sie präzis der Richtige! Darf ich...?« Und ehe du noch recht begriffen, weshalb du genickt hast, ist dir mit gummibehandschuhter dicklicher Damenhand ein hellgraues prall gefülltes Brief-Couvert in den Ausschnitt der Working-Class-Bluse gesteckt, so gewichtig, so schwer, daß es sofort nach unten gleitet und in Nabelhöhe klebenbleibt ... Wieder einmal ein von irgendeinem Mitteldeutschen Verlag zurückgewiesenes mädchenhaftes Lyrik-Manuskript (wie ich zunächst befürchten mußte), welchem ich wenigstens den Segen der gleichsam höheren Etagen des UNDERGROUND erteilen sollte? Oder gar ein Tausender in Hundertmarkscheinen wie kurz vor dem letzten Weihnachtsfest und dann wieder zu Ostern, ein Geldgeschenk von etwelchem Anonymus aus Magdeburg oder Karl-Marx-Stadt? (Authentisch!, meine Damen und Herren!; und strafbar solche ROTE HILFE; Erich Loest hat sie mit sieben Jahren Waldheim u. ä. bezahlt.) – »Eine erste Lieferung«, wurde mir von der Dame mit verstellter Stimme beschieden, »Sie werden bald wieder von mir hören, Dashiell!« Und schon war die »schöne Maske« verschwunden und die Treppe hinunter, vollkommen lautlos trotz des gezacktesten Stöckelschuhwerks; höchstwahrscheinlich ist Salome X. die fünf Stockwerke bis zum Hinterhof drunten auf unserem Treppengeländer schnurrdiburrz hinuntergerutscht...

An dieser Stelle – ich appelliere an Ihre Imaginationskraft – müßten eigentlich einige scheppernde Takte Armsünder-Glöckchen erklingen, um daran zu erinnern, daß es sich quasi noch immer um Predigthaftes handelt ... Ja, vielleicht täts allein schon das Glöckchen!

LÜGENGESCHICHTEN in Form von NACHRICHTEN DER AKTUELLEN KAMERA, verfaßt von Jeanette Habicht, etwa 13 Jahre alt: »Guten Tag, meine Damen und Herren, Lehrermeldungen.« – Nebenher, die Namen aus dem intimeren Schulbereich habe ich selbstverständlich geändert, unter Verwendung des Schriftstellerlexikons übrigens, pardon, excusez-moi! – »Berlin: Die Lehrerin Frau Görlich erstattete gestern bei Gericht ein ausführlichen Bericht, in dem sie die neue Lehrerin der OTTO GROTEWOHL, Frollein Karau anklagt, sie mit Herr Rücker, ebenfalls Lehrer, zu *betrügen*. Weiterhin teilte sie dem Gericht mit, das sie nach den Verhandlungen einen weiteren *Bericht an die Staatssicherheit sämtlicher weltmächte* schicken will. Sie sollen im Falle des *Flüchten* von Fräulein Karau und Herrn Rücker versuchen sie *einzufangen* und auf dem *Atlantik zu ertränken*. Dafür inwestierte sie 37 Mio Mark, und nochmal 3 Mio für den der ihn eingefangen hat. / Buenos Aires: Gestern *flüchtete aus dem Staatsgefängnis* von Buenos Aires ein M. Lehrer, nanens Noll. Er hat 4 Tage zuvor einen *Mordanschlag* an den dortigen ebenfalls deutchen Presidenten Neutsch verübt, und dafür *lebenslänglichen Freiheitsentzug* bekommen. Wie neuste Agenturen ergeben stecken *politische Gründe dahiner*. President Neutsch geht es unterdessen wieder besser. / Moskau: Vorgestern *versteckte* SU President Brechnew *der zum Tode verurteilten* Lehrerin der 37. OS Frau Schuder in seinem Privatarpardement. *Brechnew gab ein umfassendes Geständnis ab.*« – Oh kindliche, wie auch immer vage Hellsichtigkeit!: Damals war noch nicht der kleinste Hauch eines Prozesses gegen den Schwiegersohn etcetera zu spüren! – »Die äußerst *geheimen, und deshalb auch nicht veröffentlichten* Meldungen leitet US President Reagan. Nach einem Intervio zufolge sagte er, daß er Brechnew und Frau Schuder wahrscheinlich *zusammen köpfen* lassen will. / London: Lady Diana Spencer, die vor kurzem Prinz Charles geheiratet hatte, sah *in einem Versteck* mit an, wie Prinz Charles *sie mit ihrer Mutter betrog*. / Berlin: Gestern wurde im Zimmer der 13-jähr. Juahna Thürk *geheime Pläne* zur Machtübernahme in der SU gefunden. *Die Staatsorgane verurteilten sie zu lebenslänglicher Haft*. / Washington: Dr. Wogatski, der oft als Frankenstein *identifizirt* wurde es jedoch immer an *beweißmatterial* gemangelt hatte, *stahl am Donnerstag die leiche von Elvis Presley*. Er wollte ihn angeblich zum leben erwecken, konnte es jedoch *nicht nachweisen*. Das Gericht verurteilte ihn zu *12 Jahre Freiheitsentzug*. / Und dann das Wetter: / In Folge eines umfangreichen Tiefdrucks über Skandinavien kamen stürmische Winde polaren Ursprungs nach Deutschland. Im Verlauf dieser Woche kommt es dadurch zu zahlreichen *Wirbelstürmen Stärke 14*. Demzu Folge ist *Alarmstufe 3* geboten. Höchsttemperaturen morgen –63 bis –57 Grad Celsius. Die Aussichten bis Sonntag. Am Freitag ist *katastrophenalarm* gegeben. Ein *Hurrikan* und ein *anschließender Taifun* durchrast am Freitag Deutschland. Mit *1416 km in der Stunge* ist der Hurrykan *der größte in der Weltgeschichte*. Sein Zentrum erreicht uns um 14/47. Die Temperaturen steigen im Kern bis *150 Grad* an, aber danach sinken sie wieder auf *–60 Grad* ab.....« – Zeile um Zeile authentisch dieser kindliche Phantasieaufsatz; es scheint nötig zu sein, es zu wiederholen…

Und wieder müßte nach meinem Dafürhalten jenes Glöckchen ertönen; um einige Nuancen scheppernder noch.

Denn, ach, der Prediger, der Referent, der Rezensent, der Conférencier steht angesichts solcher Schriftstücke beinahe schon windflüchterhaft-weltflüchtig Ihnen zu Häupten, meine Damen und Herren, wie Sie an seiner Kopfhaltung leicht erkennen können – Sehen Sie!: *so!:* weltflüchtig-windflüchterhaft! –; und der noch ratloser stierende fragt sich und fragt sich: Ist es wirklich nur Ohrenschmalz, was mir in diesem Moment die Wange hinunterbröckelt?, nichts als biederes gut-bürgerliches Ohrenschmalz?, sind es nicht die Kiesel hart gewordener Tränchen? – Jedenfalls hockte ich nach der ersten Lektüre dieser Aufsätze wie dem Fortschritt der Menschheit und erst recht dem Prediger-Amt für alle Zeiten verloren auf den farblich schwer einzustufenden sogenannten »Arbeitsmatratzen« in meiner Wilhelm-Pieck-Straßen-Bude und schüttelte (falls ich mich auf meine Tagebuch-Notizen verlassen kann) den botschaften-leeren Kopf, als wären mir die von Salome X. top secret übermittelten kindlichen Phantastereien wirklich etwas gänzlich Unerwartetes gewesen, als hätte ich es zuinnerst nicht schon lange gewußt, wie es aufgrund der nationalen und internationalen Verhältnisse hinter der scheinbar so reinen Stirne der GARANTEN UNSERER ZUKUNFT in den Jahren 83/84/85 undsoweiter aussehen muß (und nicht allein dank der politischen Dominanz des Genossen Breshnew). Derartiges schwarz auf weiß zu bekommen, falls es nicht von einem selber stammt, dürfte allerdings schon erheblich schwieriger sein in unseren Gefilden, ja, passiert einem eigentlich so gut wie nie (was beinahe schon zu viel der Hinweise ist)… Das gleichermaßen erstaunte wie sich verweigernde Hin und Her und Vor und Zurück meines Kopfes am Abend jenes Besuchs scheint mir allein durch dieses Faktum ausreichend legitimiert; es galt indessen kaum weniger der Leichtfertigkeit – oder sollte man besser von »Rücksichtslosigkeit« sprechen? –, mit welcher die an sich gewiß lobenswerte Pädagogin Salome X. einem bisher straffrei davongekommenen Menschen solche fabelhaft »heißen« Materialien aufhalste, vermutlich nicht ohne den kriminogenen Hintergedanken, der Empfänger dieser »Brandsätze« kindlichen Gekrakels könnte (und würde) sie postwendend der einen oder anderen KIRCHENZEITUNG zu »innerkirchlichem Gebrauch« präsentieren, z. B. dem schrillen GRENZFALL bzw. den schrägen UMWELTBLÄTTERN, zusätzlich garniert selbstverständlich mit den bekannten schwarzhumorigen Glossen in der Art des Hauses Endler; daraus wird wohl nichts werden, Madame !!! Gleichfalls darf nicht erwartet werden, verehrte Salome X., daß ich sie etwa in der beliebten Predigt-Form von einer Kanzel herunter ins Publikum ausstreuen werde, falls nicht ST. PETRI ZU LÜBECK sich meldet; aber da könnte ja gleich der liebe Gott ... (Am Rande: Es bleibt mir rätselhaft, weshalb sich die Leute mit ihrem spannenden Dokumentar-Kram nicht an die sehr viel menschenfreundlicheren Kollegen Wogatski, Kant, Rücker, Görlich wenden, weshalb sie sich stets so gefühlskalte, fast als »antihumanistisch« einzuordnende *hard boiled writers* wie den Referenten als Opfer ihrer Machenschaften aussuchen?)

Eines wird uns Salome X. bestimmt nicht erzählen können: nämlich, daß es ihr nicht zu Bewußtsein gekommen wäre, was alles sie aufs Spiel gesetzt hat mit ihrem (durch was auch immer ausgelösten) Entschluß ... Aufs Spiel gesetzt sehen wir 1. den sprichwörtlich guten Ruf a) des Landes – »Oh wunderbares Land der siebenundzwanzigtausend Seen und SPERRGEBIETE«, wie es im Liede heißt –, b) den unserer vornehmlich vom Ausland her so heftig bewunderten »Volksbildung«; 2. die ihr beinahe hundertprozentig sichere Karriere im Schuldienst, die sie bis auf den Posten einer Direktorin, womöglich den des Ministers steigen lassen könnte – die Formulierung »Ministerin« oder vielleicht sogar »Ministrella« verbietet wiederum die maskulin-terroristische Sprachregelung –, ein Reüssement, das des Segens der Mehrheit unserer Bevölkerung gewiß wäre. Aufs Spiel gesetzt fühlen wir nicht zuletzt und 3. die Zukunft des allmählich vergreisenden Verfassers, *meine* Zukunft als ein von der Volkssolidarität umhätschelter »Arbeitsveteran«, wie der Ausdruck lautet, endlich happy, weil »total ausgeschrieben« ... Salome X., daran kann kein Zweifel sein, hatte das ebenso gründlich erwogen wie (später) der Verfasser: Weshalb sonst die renaissancehafte Maskerade?, weshalb der (kläglich gescheiterte) Versuch der vollschlanken Dame, eine magere Männerstimme zu imitieren etcetera? »Alles klar...«, um mit dem Volksmund zu sprechen. Der Verfasser bzw. der Referent will im Sinn der »neuen Offenheit«, wenn auch nicht ohne einen Rest von Scham das Geständnis ablegen, daß auch er nach der Lektüre der ersten beiden Aufsätze sich schleunigst eine Pappnase ins Gesicht gestülpt hat, um nicht erkannt zu werden (mit Hilfe eines Fernrohrs eventuell; *weiß man's?*), um nicht »festgestellt« werden zu können auch nur als passiver Leser dieser Wahnsinnstexte von Kläuschen, Winnie, Freddi und Isabell...

Darf ich noch einmal den Klang des imaginären Glöckchens beschwören, ehe ich fortfahre, ehe ich weiter zitiere?:

»Ich setzte mich in ein Auto und fuhr 100 Mil. Jahre zurück. Als ich in der Uhrzeit ankam wurde ich von komischen Lebewesen umringt. Sie waren mit Ästen bedeckt und sprachen Spanisch. Sie hatten alle Knüppel in den Foten. Sie führten mich in ihr Lager. Dort saßen Frauen mit Hotten-totten-Kleidern, sie spielten auf Dudelsäcken. Dann gingen wir zum Fluß und sie luden mich ein auf ihrem Dampfer nach Peking zu bringen. Denn dort wartete Wilhelm Pieck. Ich lehnte ab, denn *ich wollte nicht in die Wirklichkeit zurück.* So fuhren wir zum Raketenstartplatz. Die Urmenschen führten mich zu einer Treppe. Ich stieg sie hinauf. Ein Urmensch begleitete mich. Als ich oben ankam, dachte ich, ich sei im Paradies. Überall sah man Blumen und dazwischen seltsame Gewächse, in der Mitte stand eine kleine Kapsel. Ich stieg ein. Wir flogen zu den Marsmenschen. Sie jagten uns dafon. Dann landeten wir auf der Venus. Sie vertrieb uns nicht. Wir machten Urlaub. Morgens badeten wir in einem Kratersee ... Dann flogen wir in den Himmel. Wir sahen Jesus. Neben ihm stand Odysseus und Tarzan. *Ich blieb für immer bei ihnen...*« Das Glöckchen, Nachbarin, das Glöckchen! Oder, besser noch, eine Pinte Free Jazz!

Und dann steht bzw. spreizt sich die rätselhafte Überbringerin solcher Botschaften neuerlich im morschenden Türrahmen meiner Wilhelm-Pieck-Straßen-Bude, leider auch dieses Mal nicht ohne glitzrige Maske von der Stirn bis hinab zu den Füßen, eine libellenflügelig-grüne heute (der neueste Modetrend?), aber ebenso suggestivdiabolisch wie das glühende Schwarz der vorhergegangenen Saison – und nicht weniger lähmend: Sämtliche Fragen, sämtliche Vorwürfe, die ich mir für den Moment der Wiederbegegnung im Kopf parat gelegt hatte, bleiben unausgesprochen, jählings zusammengeschrumpelt sie alle unter den sieben Blicken der »Maske«, zusammengeschnurrt, um auch mal wieder ein Bild zu riskieren, zu angestochenen Luftballonhäuten ... Nein, kein einziges Wort, *des' bin ich absolut sicher,* hat in diesem Augenblick meine Lippen passiert, sehr entgegen meinen Intentionen! Kein Wort der Besorgtheit ob der klaffenden Widersprüche zwischen den Ideen der Kinder und z. B. den GEBOTEN DER JUNGPIONIERE, mit welchen sie doch bis zum Erbrechen vertraut gemacht worden waren. (»Wir Jungpioniere lieben unsere Deutsche Demokratische Republik« – Oh Abraham a Santa Clara und ihr anderen alle! –; »Wir Jungpioniere lieben unsere Eltern. / Wir Jungpioniere lieben den Frieden. *[...]* Wir Jungpioniere lernen fleißig, sind ordentlich und diszipliniert. *[...]* Wir Jungpioniere singen und tanzen, spielen und basteln *gern. [...]*«; undsoweiter.) Kein Wort auch über meine Befürchtung, daß wir im Fall der Bekanntmachung dieser LÜGENGESCHICHTEN zu hören bekommen würden: »LÜGENGESCHICHTEN, ja, sicher, und zwar von diesem Herrn Endler aus den eigenen Pfoten gesogen – zu keinem anderen Zweck als dem der Verunglimpfung, ja, womöglich sogar HERABWÜRDIGUNG des sozialistischen Kindes!« Kein Wort auch bezüglich des ... naja, und überhaupt! – Salome X., die magisch grünende Undine, beantwortete mein beredtes Schweigen, indem sie mir ein zweites prall gefülltes Couvert zusteckte, der Abwechslung halber in meine sumpfige Hosentasche: »Aus der FünfAh unserer EOS; die SiebenAh und SiebenBeh kennen Sie ja bereits... Also, bis dann!... Und passen Sie gut auf sich auf, Mister Hammett!« Und war auf die gleiche Weise verschwunden wie nach ihrem ersten Besuch: Ein Schattenhaftes, ein Nebelstreifartiges, ein fernhin nieselndes Nitschewo.

(Und ewig singen die Wälder...)

Der kleine Maik aus der Klasse 5a, ein Knabe von zehn, von elf Jahren notiert: »Hausaufgaben zum 24.9.84: – das der Staat uns gehört, – wür ihn *lieben und ehren* – Wir sind ein Menschlicher, – das, daß den Menschen gehört -«; und auf der Rück- oder Vorderseite dieses Zettels von der gleichen Hand: »ln den Nachrichten hatt sich der Stadt beschwert weil das Volk nur 10000 Mark als misgift von Erichhonnicker bezalt hatte weiter wurde gesagt das das überfahren vom Atlantischen Otzean verboten ist weill Neptun dort Krieg führt. Mann sagte das man Tiere überhabt alle Tiere der Welt töten müßte Weill sie Kanibalen geworden sind. Ihr wißt daß wir nicht mal früchte haben des wegen sind alle Menschen die es giebt ausgetoben. Es meldet Erichhonnecker...« – Beziehungsweise – wie Schrollz-Schrunnz behaupten wird – Eddy »Pferdefuß« Endler höchstpersönlich. (Aber *so* genial bin ich nun wieder auch nicht.)

(Schrilles Glöckchengescheppere von jener spezifischen »Breitmundigkeit«, wie sie die TAZ dem Autor nachgesagt hat.)

…und ein Blutregen jählings, keinen kann es verwundern, ein dunstiger Blutregen, welcher aus dem löchrigen Plafond auf den Verfasser und seine Matratzen herniederzurieseln begann – die Gesellschaft im Dachstuhl mochte es Fête, FÄHTE nennen –, ein Nieselblutregen, der sich allmählich zu Blutschnee verdickte: Wulstige Blutlachen wanderten gleich schwarzen knirschenden Schneewehen oder wie blutgetränkte düstere Dünen auf den nackten Dielen meiner Bude umher – man sollte sich endlich mal ein altes Stück Teppich zulegen –, und einer nach dem anderen wurden die auf dem Fußboden ausgebreiteten bzw. verstreuten Schulaufsätze aus der EOS »OSKAR PANIZZA« von den gnadenlos blickenden Schollen Blutes zwischen die Zähne genommen und mitgeschleift und von hinnen getragen, kantapper, kantapper, zur aufgestoßenen Türe hinaus und die heulende Treppe hinunter zum… NACHFRAGEN EVENTUELLER INTERESSENTEN SIND ALSO ZWECKLOS! –//– Übrigens scheint die Blutschneewoge in der Wohnung unter der meinen, im vierten Stock also, noch nicht so recht angekommen zu sein, wie ich aus den lautstark geführten Debatten unter meinen Füßen und Matratzen schließen muß: Wieder mal ein ernstes Streitgespräch über die Frage der Schädlichkeit oder Nicht-Schädlichkeit des Fernsehens für die Kinder, wieder einmal die Auswertung nach einer diesbezüglichen Elternversammlung in der EOS! Ich höre Herrn Ranft, welcher zu dem Schluß kommt: »Eigentlich ist die Sache ausgegangen wie das berühmte Hornberger Schießen… Richtig einig sind wir uns doch nicht geworden. Ich finde, das Fernsehen ist als Bildungsmöglichkeit für unsere Kinder nicht mehr wegzudenken. Daß manche darin *so* eine Gefahr sehen – also, ich weiß nicht…« Und ich höre Frau Röber, welche *dagegenhält,* daß schon bei vielen jungen Leuten »Haltungsschäden und -schwächen auftreten, weil sie sich zu wenig sportlich betätigen … Hinzu kommt die Angewohnheit, beim Fernsehen mehr als gut nebenbei zu essen … Da bleibt bei manchem die körperliche Form auf der Strecke…« – Eine der Diskussionen also, wie sie immer wieder von unserer Presse dokumentiert werden, z. B. auch von der LEIPZIGER VOLKSZEITUNG vom 4./5. März 1989: »Ohne dieses Gespräch gehört zu haben, erzählt die Klassenleiterin am nächsten Morgen ihren Kollegen von diesem Elternabend: Daß die Meinungen der Mütter und Väter *ziemlich hart* aufeinandergeprallt wären, aber daß es doch viele Denkanstöße gegeben hätte...« – Stete Müdigkeit im Unterricht, Unkonzentriertheit, Haltungsschäden durch das Fernsehen!, nun ja, Probleme des vierten Stockwerks, wo es vielleicht auch noch den einen oder anderen Prediger haben mag... –//– Im fünften Stockwerk jedoch, meine Damen und Herren, im FÜNFTEN: Blutschnee, Blutpulverschnee, blutige Eisbröcklein, und es schneit und es schneit ... Fehlt nur noch die *definitive* Bestätigung dieses Naturphänomens durch den Wetterbericht des BERLINER RUNDFUNKS einerseits, den des SENDERS FREIES BERLIN auf der anderen Seite: Knips ich das Radio an – oder die noch viel grausigere TV? – Und was muß man hören aus dem von Putzsucht geprägten Mund der Televisions-Pute, bitte? »Vergiß wenigstens Deinen Regenschirm nicht«, sagt die Dame, die eine gewisse Ähnlichkeit mit Salome X. hat, »vergiß wenigstens Deinen Regenschirm nicht, wenn Du schon auf die Sicherheitsgurte verzichtest...« Meine Damen und Herren, wenigstens diese Hitparaden-Weisheit möchte ich Ihnen mit auf den Weg geben; Sinnvolleres wüßte zur Zeit wohl keiner, weiß auch ich nicht. Freilich vermag es unsereins besser zu formulieren ... Cold End!

DANKE!

(86–89)

Nach Rahnsdorf fahren

Und reib Dir nur tüchtig die Augen, da steht es, mit Kugelschreibermine und in handbreiten Blockbuchstaben auf die Rückenlehne eines Straßenbahnsitzes der Linie Fünfundzwanzig gemalt: »GOTT SEI MIT DER DDR. AMEN.« Und darunter kleiner und von anderer Hand: »...gez. *Elvis.*« (Draußen Friedhofsportale, Birkenzusammenrottungen, geschlossene Ausflugsgaststätten, die Schrebergartenkolonie EIGENE SCHOLLE...) – »Da ist noch'n Spruch eingeritzt«, zeigt Judith, »zwei Sitze weiter vorne, kuckma: HIER SASS STALIN.« – »Hätt' ich fast übersehen.«

(82)

III
ZWEITE BEGEGNUNG MIT DER SCHMAROLLE

Über das Rudern im Achter erfuhren wir neulich, »…daß nur mit *letztem Opfermut*, mit dem *bedingungslosen Einordnen* ins Kollektiv ein *Blumentopf* zu gewinnen ist…« Wie wahr, wie wahrheitsgetreu, nicht nur für Ruderer geltend! Und wenn wir Glück haben, hält sich der Blumentopf länger als die Weltreiche, die in älterer Zeit dank solchem Geist errichtet wurden.

(77)

Belehrung Müller Friedrich von Preußen Ankes Traum Lächeln Lüsternheit/Materialien zu einem Weihespiel

A

Heiner Müller (in einem Gespräch, abgedruckt in *Die Nibelungen*, herausgegeben von Wolfgang Storch; Prestel-Verlag, München 1987): »Im ›Neuen Deutschland‹ von vorgestern oder vor drei Tagen war ein Photo auf der Titelseite: eine Massendemonstration, gruppiert um das Denkmal Friedrichs des Zweiten. Und das Ganze war eine Kundgebung für Frieden und Sozialismus. Es ist kein reiner Zufall, glaube ich. Man lacht darüber in der DDR: man sollte nicht darüber lachen.« – Anke mußte lächeln...

B

Drei unvergängliche Friderizianische Musiken

1

»Mancher mag es Einbildung oder optische Täuschung nennen, mir jedoch schien, als ob den *einsam-stolzen Reiter* hoch über Berlins traditionsreicher Prachtstraße mit dem wohlklingenden Namen kürzlich eine *leichte Erregung* befiel: Drang da nicht wohlbekannte Musik an sein bronzenes Ohr?... Ohne Zweifel, keine Meile weit von seinem jüngst wiedererworbenen Standpunkt spielten hinter *übergroßen metallgerahmten* Fenstern zwei Dutzend Musikanten sein Konzert in D-Dur für Flöte und Orchester... Angesichts des üblichen Straßenlärms und der gaffenden oder achtlos spazierenden Leute zu seinen Füßen, versetzten die Klänge des vielumstrittenen Reitersmanns in erhebliches Erstaunen. Uns braucht es nicht zu wundern, denn auf dem Spielplan des *Theaters im*

Palast stand ›Musik am Hofe Friedrichs II.‹ ...Als Dankeschön erhielten die Musiker neben den obligaten Blumen eine *Miniaturbüste aus Gips...von Friedrich II.*« (Die Weltbühne 21/81)

2

Commando von Feuern und Laden:
Das Gewehr hoch
Ziehet den Hahn auf
Das Gewehr hoch
Schlagt an gebt Feuer
Setzt ab
Wischt und blaset die Pfanne aus
Bringt den Hahn in die Ruhe
Das Gewehr hoch
Schwenckt euch zur Ladung
Pulver auf die Pfanne
Ergreifft die Patron
Halt sie hoch
Propffer von Munde
Bringt sie in Lauf
Ergreifft den Ladestock
Ziehet ihn heraus
Verbärkt ihn an der Brust
Bringt ihn in Lauff
Zieht ihn *rauß*
Bringt ihn an seinen Orth
Bringt das Gewehr für euch
Schuldert euer Gewehr
Präsentiert das Gewehr
Das Gewehr hoch
Das Gewehr unter den lincken Arm
Verkehrt das Gewehr unter den lincken Arm
Bajonett
Rechts um
Rechts um
Rechts um
Lincks um

Lincks um
Lincks um
Rechts umkehrt euch

3

Friedrich II.: »Die Toleranz muß in einem Staate jedem Freiheit geben, alles zu *glauben, was er will,* aber sich nicht so weit erstrecken, daß sie die Freiheit und Ausgelassenheit junger unbesonnener Leute autorisiert, die dem kühn Hohn sprechen, was das Volk verehrt.« (Zitiert 1943 in der Nazi-Zeitschrift *Die neue Schau*.)

4

Bringt das Gewehr für euch
Schuldert euer Gewehr
Präsentiert das Gewehr
Das Gewehr hoch
Das Gewehr unter den lincken Arm
Verkehrt das Gewehr unter den lincken Arm
Bajonett
Rechts um
Rechts um
Rechts um

C

Immer noch die gleiche Richtung

1

Daß es auch in irgendeinem kleinen Ort in der Mark ein Denkmal des Alten Fritz geben muß (und nicht allein in der Hauptstadt), erfährt man aus der *Armeerundschau* 5/88 bzw. aus der Love-Story *Unterm bronzenen Reiter* von Hans-Joachim Nauschütz – oder ist solche Prosa lediglich Ausdruck des Wunschdenkens, also »Spinne«? –, einem Mitglied des Schriftstellerverbands selbstverständlich. Ich habe mir erlaubt, eine auf das Wesentliche reduzierte

Fassung für *Reader's Digest* herzustellen; man könnte die Sache auch *Vom Geist des* DDR-*Dorfes oder Wo gehobelt wird fallen Späne* nennen:

2

»Anke mußte lächeln ... Sie ging auf das Denkmal des bronzenen Reiters zu, umrundete es einmal und suchte sich ihren Platz auf der Bank... Sie blickte nach oben, *dem König ins Gesicht*. Der Mond stand über der Reiterskulptur. Die Patina der Bronze glänzte ein bißchen unter dem Mondlicht. Der König blickte Richtung Berlin oder P., der Pferdeschwanz wehte Richtung Oder ... *Unterm Pferdeschweif hatte sie Paul das erste Mal geküßt*. Er hatte sie zu diesem Platz geführt und in die Arme genommen. Hier war ihr der Atem vergangen vor seiner *Wildheit,* und sie hatte sich bald nach Hause gerettet... Wie hatte sie auf seinen Kuß gewartet! Sie spürte Sehnsucht *in sich,* ihm jetzt nahe zu sein... ›Daß das Glück dieser Welt aber wie *noch nie* auch auf Soldatenschultern ruht, da bin ich mir sicher. Also helf ich's tragen...‹ Solche Sätze sagte Paul unterm Reiterstandbild des Königs. Der hatte ganz in der Nähe als geschlagener Mann die Oder überquert. – ›*Warum hat der bei uns ein Denkmal,* Opa?‹ Sie saßen auf einem Holzstapel an der Hobelbank. Pauls Großvater spannte ein Holzstück ein und prüfte es auf seine Lage. ›Er hat das *Bruch trockenlegen lassen und die Kartoffel gebracht.*‹ – ›Weiß ich‹, sagte Paul, ›er war ein Potentat und hat den Reichtum aufgefressen mit seinen Kriegen.‹ Der Großvater hatte den Hobel angesetzt, ihn wieder abgesetzt. ›Das Dorf gibt es durch ihn, *du Schlaumeier.* Wirst in *seiner* Stadt dienen, die schön ist, weil es ihn gegeben hat.‹ ... ›Er hat seine Soldaten prügeln lassen‹, sagte Paul. – ›Wann hast *du* deine letzte Maulschelle gekriegt?‹, fragte der Großvater. *Da konnte sich Anke nicht mehr halten*. Sie prustete los. Und Paul lachte und bog sich in den Seiten... Der König mit dem Dreispitz auf dem Kopf glänzte jetzt unterm Vollmondlicht. Er ritt *immer noch die gleiche Richtung*. Sein Pferd war kräftig und würde ihn sicher tragen, ganz bestimmt auch

bis P., wo das Roß seinen *heimatlichen Stall* gehabt hat...
›Anke‹, hörte sie ihre Mutter rufen, ›Anke!‹. – Ich bin doch
keine zwölf Jahre mehr, dachte Anke. Aber die Mutter
hatte sie wohl im Mondlicht sitzen sehen am Denkmal.
›Mach's gut!‹, sagte Anke zum reitenden König. Aber der
tippte sich nur an seinen Dreispitz. Oder irrte sie sich?«

3

(Variante:) – tippte sich nur an seinen Dreispitz: »Ich, der
Witwenmacher. Weiber / Zu Witwen machen, Weib, ist
mein Beruf. Ich leer die Betten aus und füll die Gräber...«
Oder hatte sich Anke verhört? Das ist doch niemals der
Fridericus des Hans-Joachim Nauschütz! sagte eine warnende Stimme in ihr; das ist doch der Fridericus des Heiner Müller... Das muß ich Pauls Opa erzählen laufen! Die
Abendsonne ließ ihr blauäugig-blondes Haar schlimmer
noch schimmern. Opas Staren-Kasten war fast fertig.
Anke erzählte aufgeregt, was sie gehört hatte... Pauls Opa
zeigte ein nachdenkliches Gesicht. Dann beruhigte er die
Verlobte seines Enkels: »Aber die Reichsautobahn macht
ihm so schnell keiner nach, Mädchen! Die ist auf der Welt
einmalig!« Anke mußte lächeln...

D

Fotounterschrift im *Spiegel* 45/83: *Wachablösung unter den
Linden:* »Leuchtende Augen, ob west- oder ost-deutsch...«
Ich aber habe mit Befriedigung jenem Bauarbeiter ge-
lauscht, der seiner Frau den Vorgang erklärt: »Bei den'n
ha'm se wat im Kopp jemacht, Bille!« – Lieber Heiner
Müller, wenigstens dieses kleine Geschenk von Lyriker-
Seite zum 80jährigen Bühnenjubiläum: ein mörtelbe-
kleckertes Restfetzchen Hoffnung.

(88)

Unverhoffte Begegnung Stalins mit Peter Altenberg und Paula Fettkenheuer // Jossif Wissarionowitsch Stalin: »Schreibt die Wahrheit! Gott bewahre uns davor, uns mit der Krankheit der Furcht vor der Wahrheit zu identifizieren. Die Bolschewiki unterscheiden sich unter anderem gerade dadurch von jeder anderen Partei, daß sie keine Angst haben, der Wahrheit in die Augen zu schauen, wie bitter sie auch sei.« / Peter Altenberg: »Suppe verdünnt den Magensaft. Mehr braucht man darüber nicht zu sagen.« / Paula Fettkenheuer: »Und dann fällt ei'm auch noch 'ne Kohle auf'm Kopp...!«

(78)

Blazezak-Mitte (Bruchstück aus einem Roman)

1

Robert »Bubi« Blazezak (46), von einer Vierzehn-, höchstens Fünfzehnjährigen, von Doris Bommerlunder hinausgeschmissen: – Verzweifelt fidel und von knatternden Wutausbrüchen stoßweise durch die City getrieben, jache (übrigens knitterfreie) Windhose, welche die unschuldigen wie die kriminellen Werke der Plakatkunst gleichermaßen von den Litfaßsäulen herunterfetzt, leere Konservendosen und bereits verwesende Zigarrenkistchen auf die PROTOKOLLSTRECKE, auf die Dimitroff ballert, aus unwillig blinzelnden Mülltonnen rote Asche und grüne und graue greift und an geistesabwesend lächelnde Passanten verteilt (vorzüglich die Damen) – mag es sich nur zusammenkrampfen, das *Herz* dieser »weltoffenen Metropole« Berlin / DDR des Jahrs 73! –, endlich nicht nur mehreren der edleren Automobile (und Staatskarossen) der Hauptstadt, was man sicher gutheißen kann, die eine oder andere unerquickliche Beule schlägt, sondern auch einem guten Dutzend Öffentlicher Telefone, in diesem Punkt sollte die Ablehnung einhellig sein, die sowieso schon wackelnden Ohren abzottelt oder zerrupft, ohne an den ungerechtesten Schmähreden zu sparen... – »Gott bewahre uns davor«, mahnte Genosse Stalin vorzeiten, »uns mit der Krankheit der Furcht vor der Wahrheit zu infizieren« –; am Zionskirchplatz kauft Bubi Blazezak eine BERLINER und zersägt sie mit ungewaschenen Zähnen und hohnlachend vor den Augen der verdatterten Zeitungsbude in tausend winzige, nunmehr wertlose Stücke; einem Verkehrspolizisten der Sonderklasse streckt er provokatorisch die Zunge heraus; »Bäh, im Westen ist ja alles viel besser, bäh, und im Einzelfall billiger auch...«; spielenden taubstummen Waisenkindern entreißt er – »Schreibt die Wahrheit«, riet uns Genosse Stalin, »schreibt die Wahrheit« – den angesichts der Verhältnisse recht wertvollen Medizin-Ball und wirft ihn über die stacheldrahtumrankte Mauer eines klingel- und adressenlosen Hauses, das irgendwie, wie man weiß, der Staatssicherheit dient; er versperrt mit gebieterisch gespreizten Fingern einem Herrn in Trauerkleidung den Weg, welcher rechts einen sittsam schreitenden und ungehemmt weinenden Englischen Setter an der Leine führt, links einen riesigen Kranz überm Arm trägt, einen Kunstblumenkranz mit der Schleife: »Das Bette mache ich mir auf meiner Frauen Brust / Mein Zünglein war ihr Schwamm / Ihr Bächlein meine Kost. / Für Tante Lenchen von ihrem trauernden Setter Bello« (dieser gedrängte Vierzeiler, *das* nebenher, eine Zote aus der Feder des großen Barock-Poeten Christian Hoffmann von Hoffmannswaldau, 1616 bis 1679, so also sieht die Neue Deutsche Lyrik in ihrem Quellgebiet aus, mich wundert fast nichts mehr!); und Bubi Blazezak – »keine Angst haben, der Wahrheit ins Auge zu schauen« (Stalin) – treibt 1. dem feinen älteren Herrn mit einem ridikülen Faustschlag den Zylinder über die Ohren, wie man zu sagen pflegt, bindet 2. dem Setter mit dessen eigener Feiertagsleine die Hinterbeine zusammen, läßt 3. den widerstandsfähigen Kunstblumenkranz den abschüssigen Teil der Brunnenstraße hinunterrollen, werweißwohin bzw. ins Ungefähre, und entwischt uns, Bubi Blazezak, ein wandernder Wirbelwind wütiger Wollust, in Richtung Jannowitzbrücke und Fischerkietz...

2

Bubi, von Doris zurückbestellt: – Ein Bubi Blazezak, ein Robert Wiederanders plötzlich, der expressiv durch die Straßen seines lieben alten Viertels schreitet gleich dem lange erwarteten und von den zeitgenössischen Dichtern in ihren jüngeren Jahren besungenen NEUEN MENSCHEN, wie er sich um 73 bestenfalls in dem oder jenem Repräsentanten unseres Justizwesens oder unserer »Organe« manifestiert ... Ach, war er nicht eben noch am Bahnhof Baumschulenweg herumgewirbelt (das gehört zu den *halbwegs verläßlichen* Daten), und von hier aus die Köpenicker Landstraße hinauf wieder stadteinwärts, downtown, ein wegen der angerichteten Verheerungen noch lange *dankbarer* Gesprächsstoff und gefürchteter Tornado, der sich darauf spezialisiert hatte, unberechenbare Naturgewalt, Papierkörbe zu entführen und auf Blumenbeeten oder sogenannten Grünstreifen auszukippen, Zigarettenschachteln, Hühnerknöchelchen, Bockwurstpellen, Zigaretten-Zipfel, Zeitungen, Friedensbroschüren, Zahnpastatuben und »gebrauchte Pariser« auf Stiefmütterchen, Margueriten, Pfingstrosen, Schwertlilien, arme Gänseblümchen sogar – die Meteorologen stehn ratlos, die Ordnungskräfte verwirrt, die Straßenreinigung blödelt –, ein wüster Wanderer Wirbelwind, der nirgendwo lange verharrt? – Jetzt aber holt er drei taubstummen Waisenkindern den wertvollen Medizinball zurück – »Schreibt die Wahrheit!« –, der ihnen bedauerlicherweise in den Hof eines Quartiers der Staatssicherheit hinübergeflogen ist; rettet er einem melierten Herrn in Trauerkleidung und quietschenden Gummistiefeln, welcher behindert ist durch einen überdimensionalen Kunstblumenkranz und einen Englischen Setter – »Schreibt die Wahrheit!« –, den von einem überraschenden Frühlingsunwetter mit Bündeln von Blitzen und faustgroßen Hagelkörnern entführten Zervelats-Zylinder vor den blutverschmierten Rädern unerbittlicher Straßenbahn der Linie Sechsundvierzig; ordnet er das bunte Papierchen von seiner Dropsrolle fein geglättet und zusammengefaltet zu dem übrigen hoffnungsentleerten Abfall – »Schreibt die Wahrheit!« – in den Öffentlichen Papierkorb; etcetera ... O Lied vom Anderswerden, das Bubi Blazezak erfüllt, ist's der Frühling der Menschheitsgeschichte, der lange beschworene, endlich?, und, oooh, dieser NEUE MENSCH, der es sich nie wieder durchgehen lassen will, seinen hochheiligen Personalausweis zu verdrecken (»Wie gehen Sie mit Ihrem wichtigsten Dokument um? Schämen Sie Sich!«) oder sogar in einer dubiosen Kneipe liegenzulassen wie jüngst! Ist nicht bereits mit schmunzelnder und lebenszugewandter Miene eine BERLINER erworben worden von unserem Helden, ja, das NEUE DEUTSCHLAND sogar, madigste Materialien für die obligatorische Zeitungsschau am späten Nachmittag? Ganz und gar Staatsbürgertugend und *Ideenreichtum* – Bubi Blazezak, Stiefmütterchen, Marguerite, Pfingstrose, Schwertlilie, Gänseblümchen sogar, da er sich entgegenträgt der vierzehn- bis fünfzehnjährigen, Vorsicht, KIDPORN, Doris Bommerlunder mitten durch Mitte, sich und seine real existierende Seele... – »Die Bolschewiki unterscheiden sich unter anderem gerade dadurch von jeder anderen Partei, daß sie keine Angst haben, der Wahrheit in die Augen zu schauen.« (Jossif Wissarionowitsch Stalin)

3

Hi! wär das nich ma 'n Filmchen, Mister Waters!?

(79)

Ehrlichkeit//Sylvia K. in den TEMPERAMENTEN (2/1980) zur mißliebigen Diskussion Junger Künstler: »Die *Ehrlichkeit* der Antworten« [der Antworten der jungen Künstler; A. E.] »geht oftmals bis zur *Koketterie*« / Prüfungsaufgabe: Bitte, steigern sie das Wörtchen »Ehrlich« auf *ddr-spezifische Weise!* – Die richtige Antwort: Ehrlich, ehrlicher, kokett!

(80)

Bubi Blazezaks gedenkend/
Seitenblick auf einen Romanhelden

Freilich (sagt man sich als Autor des vielgeschmähten, in Entstehung begriffenen Romanwerks NEBBICH und Opfer z. B. des Vorwurfs, dem Gegenwartsthema wieder einmal ausgewichen zu sein), freilich (sagt man sich, indem man sich nachdenklich und länger als sonst frottiert), freilich, es waren andere Zeiten damals: vierundfünfzig/fünfundfünfzig; andere Zeiten. Nicht die Aussichtskugel des Fernsehturms war es – in diesem Punkt hat das Ministerium des Inneren sicher recht! –, was Bubi Blazezak als Letztes sah, wenn er sich niederlegte im Volkspark am Weinbergsweg und sein Bewußtsein neben sich ins Gebüsch zu Schlüsselbund und Portemonnaie; es war *unter Umständen* nichts als der Abendhimmel eines Frühsommertags – um einen einzigen Abend für viele heraufzubeschwören –, der seidig schimmernde Glanz hintreibender und wollig zerfaserter Cirruswolken über Prenzlauer Berg, leinenhaft strahlendes Weiß, das nach Sonnenuntergang quittengelb erst, dann purpurrot anlief, bis auf ein einziges widerspenstiges Wölkchen; blau blieb es während der ganzen Zeit, ja, schien immer blauer zu werden, ehe es plötzlich wie die anderen alle einem unifarbenen aschigen Grau wich; das durchrieselte einen wie *die Hoffnungslosigkeit höchstpersönlich.* – So die Beschreibung durch Bubi Blazezak! Hätte ihm irgendeiner nach allem, was man von ihm weiß, solche sensible Beobachtungsgabe zugetraut? Oh, unterschätzen Sie keineswegs die gelegentlich auch verblüffend positiven Auswirkungen des wiederholt genossenen DOPPELTENKLAREN aus Adlershof – bei aller glutäugigen Verehrung für Michail Gorbatschow! –, des nach diffizilsten Geheimrezepten gefertigten ADLERS-HOFER WODKA, welchen der Wisent-, Wildkaninchen- und Waschbärenjäger der märkischen Heide bekanntlich nicht nur als Schönheits-, sondern auch als sogenanntes

Zielwasser benutzt. (Ausdrücklich ausgenommen: die Mitglieder des Politbüros und die Angehörigen des Diplomatischen Corps!) Hinzu kommt, daß Bubi Blazezak, von der knäbischen Wolkenbegeisterung Johann Wolfgang von Goethes verleitet, als jüngerer Mensch u. a. mit dem Gedanken zu spielen geneigt war, sich als WOLKEN-PHOTOGRAPH eine Existenzgrundlage zu schaffen; im Hinblick auf den Vertrieb der intendierten Wolkenphotographien hatte er seinen Freunden im MEHLWURM (bzw. MADENTREFF) sogar bereits ein neues »Internationales Wolkenjahr«, ähnlich *1894*, in nahe Aussicht gestellt – »Jawohl, das ist authentisch: achtzehnvierundneunzig!« –; man müßte nur die »richtigen Stellen« ausfindig machen, die URANIA etwa?, und genügend »bearbeiten« diesbezüglich, die UNESCO vielleicht? (Pläne für nichts und wieder nichts, wie uns allen wohl klar ist!) Es blieb der aufgeweckte Blick für Wolkenbildungen aller Art.
Heute hat man von dem geographischen Punkt aus, an dem es Bubi Blazezak nicht selten niederwarf und Finsternis ihn zu wiegen begann, heute hat man von diesem Blazezakschen Kalvarienberg aus einen ganz passablen Blick oder *View* auf das neue WAHRzeichen unserer Hauptstadt, den Fernsehturm über dem Alex, den sympathischen TELESPARGEL unserer Journalisten, da dieser, um vieles länger als der Pariser Eiffel-Turm bezeichnenderweise, nicht weniger als 365 Meter mißt, falls er nicht noch klammheimlich gewachsen ist, und außerdem auf 52,5 Grad nördlicher Breite und 13,4 Grad östlicher Länge *liegt* (Fachjargon), mit seinem Fußpunkt indessen 36 m über NN. – »*Als ob der Eiffelturm diese Entwicklung geahnt hätte*«, heißt es mit Recht herablassend in einer Publikation unseres Ministeriums für Post- und Fernmeldewesen, »setzte er sich schnell noch« [der Eiffelturm, dieser entfesselte Gartenzwerg; A. E.] »eine Fernsehantenne auf seine Spitze, mit der er eine Gesamthöhe von 312 Meter erreichte...«; was ihm jedoch, wie jeder leicht ausrechnen kann, kaum etwas nützte, ja, als breitbeinig-hoffnungslose Geste dieses mehr als hundertjährigen »Sinnbilds des

industriellen Zeitalters« anmuten muß. Doch wozu die Herumrechnerei? Als ob ein kurzer vergleichender Blick zu unserem noch jugendlich beschwingten Fernsehturm nicht ausreichen würde, ein Blick aus der Perspektive des oberen Teils im Volkspark am Weinbergsweg zum Beispiel!: Mehr als die Hälfte, seine erdabgewandte natürlich, unseres Fernsehturms ist im Südwesten sichtbar – er *steht* also vorerst noch! –, am sinnvollsten sie zu bewundern in den späteren Abendstunden eines Frühsommertags; die picklig erleuchtete, warm rotierende Kugelgaststätte hoch droben, über ihr – mit seinen fünf Ringen roter Signallampen (Flugwarnfeuer) – das von hier aus haarfeine nadelartige Spitzchen, unter ihr der vom Licht der sogenannten *Strahler* wie angepißte Betonschaft. (Nicht unterschlagen sei der prachtvolle Leuchtturmeffekt nach dem Anbruch der Dunkelheit und an den leider zu seltenen smogfreien Tagen, hervorgerufen von einem stetig kreisenden Scheinwerferstrahl in der Höhe, der dem Bauwerk den Beinamen LEUCHTTURM DER FREIHEIT eingebracht hat, wenigstens was den Volksmund betrifft; die Bezeichnung »Telespargel« hat bekanntlich im Gemüt des Berliners so wenig Fuß gefaßt wie die für einige Wochen von der Presse gehandelte recht poetische »Silberkugel«. Möglicherweise wäre die Klitterung »Silberspargel« das Richtige gewesen?)
Wie traurig, wie überaus traurig, daß Bubi Blazezak die Vollendung dieses Gaurisankars des Berliner Baugeschehens nicht mehr erlebt hat, und gerade nur noch, wenn mich mein Gedächtnis nicht täuscht, am Tresen im MEHLWURM die Baugrube kommentieren durfte und den Ansatz der Fundamente, ehe er von einem Tag zum anderen an Rückenmarksverzettelung starb ... Aus der kleinen Monographie »Das neue Wahrzeichen unserer Hauptstadt«, 1969: »Trotz mancher *Zweifler* in westlichen Ländern und *gezielter Angriffe* ihrer Presseorgane gegen dieses Bauvorhaben, *beschritten* die Bauarbeiter, Techniker, Ingenieure und Architekten des sozialistischen deutschen Friedensstaates *unbeirrt ihren Weg* und *erreichten be-*

reits im Herbst 1966 mit dem Betonschaft *eine Höhe von über 135 Metern...*«; und bis nach oben, der recherchierende herzkranke Autor hat es nachgeprüft, sind es 986 (neunhundertsechsundachtzig) beachtliche Stufen und 7 (sieben) Schwächeanfälle. (Siehe auch die NACHTRÄGE zu diesem SEITENBLICK AUF EINEN ROMANHELDEN!)... – Heute würde Bubi Blazezak, darf man sinnieren, den Beruf eines FERNSEHTURMPHOTOGRAPHEN als Lebensaufgabe erwägen, höchstwahrscheinlich *lohnend* trotz der beträchtlichen Konkurrenz, und in diesem Zusammenhang ein »Jahr des Berliner Fernsehturms« propagieren. Ja, es wäre das reizloseste Gedankenspiel nicht, die üblichen Zickzackwege Bubi Blazezaks und den späteren Fernsehturm (im folgenden kurz: FT) in spannungsreichen Bezug zueinander zu bringen und sich vorzustellen, wie oft die Kamera des namhaften *Photographikers* – darunter hätte es Bubi niemals getan! – in dessen lichteren Momenten zugeschnappt hätte, etwa von Süden her; als *zureichend abgeklärt* kann es nämlich gelten, daß Bubi Blazezak während seiner mehr zentralen Sauftouren zu einer bestimmten Stunde und in Augenblicken halber Ernüchterung präzis die Stelle zu queren sich angewöhnt hatte, wo die obere rechte Ecke des Planquadrats *L11* und die untere linke von *M9* des alten STADTPLANS VON GROSSBERLIN zusammenstoßen und einen Punkt bilden nicht zu weit vom Gebäude des Roten Rathauses und eher zu nahe den erotisierend hingelagerten Meerjungfrauen des NEPTUN-Brunnens von Meister Reinhold Begas – einigermaßen *fette* Allegorien der vier größten Ströme Europas! –; eine Stelle also, von der aus dem Betrachter unser FT erst in vollem Umfang verständlich wird und bis in die vierte Dimension seines Bedeutungs-Gewichts transparent: Man kann sich je nach Geschmack überwältigen oder vergewaltigen lassen von der immensen Gespannt- und Gestrafftheit des architektonischen Wunderwerks; die Belesenen und Literaturzirkelmitglieder unter den Flanierenden werden sich unausweichlich an die riesenhaften Penisse in de Sades »Justine« oder

»Juliette« erinnert finden – »LESELAND DDR!« –, welche sich oft genug (und nicht unbeabsichtigt) tödlich auswirkten ... Die Masse der Turmkugel allein schon entspricht, wie man hören muß, nicht weniger als »55 Diesellokomotiven vom Typ V 180...«! Kleine Fingerzeige am Rande für den Berlin-Besucher aus der Provinz und aus dem Ausland, welcher, von FT-beherrschten Prospekten angelockt, am Ziel seiner Abenteuerlust leider nicht selten unberaten umherirrt und nur schwer den richtigen Blickwinkel findet, gilt es den FT in Augenschein zu nehmen...
Ist der Verfasser wieder einmal abgeschweift? Nein, keineswegs! Solche reiseleiterhaften Reflexionen wie die obigen sind jetzt und in Zukunft weder als disziplinlose Pflichtvergessenheit gegenüber dem Thema aufzufassen noch gar als didaktisches Schnörkelwerk (bestenfalls durch das nahezu krankhafte Nützlichkeitsdenken, kein Text ohne Nutzeffekt!, des recht sozial eingestellten Autors entschuldbar). Ach, Bubi, Freund, Kamerad, ach, Blazezak, »alte Kanone«, kein anderer als Du wäre wohl bis ins Letzte zu spüren der Mann, wie jede Zeile dieser Prosaseiten (denn darum handelt es sich im wesentlichen!), wie jedes Satzzeichen, Komma, Semikolon, Doppelpunkt, Punkt, und rutschten sie noch so weit ab nach rechts oder links vom Pfad der Fabel und Tugend, vollständig durchtränkt sind von verzückter Trauer um Dich, den *geborenen Reiseleiter*, habe ich Dich eben nicken gehört?, und nicht minder von dem extravaganten Geruch Deiner Lebensart; wie solches essayistisch-erzählerische Hin und Her, Auf und Ab, Kreuz und Quer unverkennbar geprägt ist von den mäandrischen Zuckungen der Blazezakschen Existenz! Kein Zweifel, unser treuer FT, wie es unzulänglicher damals der treue Mond getan hat, hätte in derlei Leben eine wegweisende Rolle gespielt, unter ästhetischem Aspekt wie unter moralischem!: Erhobener Zeigefinger, gezückter Knüppel, Taktstock, erigiertes Glied, Pep, kurz, um noch einmal das Postministerium zu zitieren: »Ein Bauwerk, das den *Ansprüchen* eines *kulturellen* Wahrzei-

chens Berlins *Rechnung trägt...*« (Zur eventuellen Rechtfertigung des Postministers soll hier eingefügt werden, daß der bedeutende PALAST DER REPUBLIK zum Zeitpunkt der obigen Meinungskundgebung noch nicht fertiggestellt war, diese Wirklichkeit gewordene »*Vision* progressiver Arbeiter und Architekten von *lichtdurchfluteten, gläsernen Häusern des Volkes*« – SONNTAG 39/79 –, ohnehin das WAHRzeichen unseres ganzen Landes und nicht nur allein der Hauptstadt; lassen wir ihn also für dieses Mal außer Betracht, so sehr er meine liebe alte Mutter aus Düsseldorf interessiert hat: »Daß ihr den Flughafen mitten in der Stadt habt! Bei uns liegt der außerhalb...«) Wie auch immer, der FT wäre unserem Helden mit Sicherheit höchst willkommen gewesen als Ordnungsfaktor ebenso wie als Gedankenstütze und Augenaufschlag der Heimat: »Pupille!« Bubi Blazezak hätte den hintergründigen Sinn des Postkartenverses aus der Feder des Dresdener/Hallischen/Leipziger Dichters Heinz Czechowski augenblicklich verstanden, ja, hätte ihn vermutlich auswendig gelernt, um es bei jeder sich bietenden geselligen Gelegenheit triumphal aufzusagen: »Berlin besitzt jetzt einen Fernsehturm / Daneben gehalten wirkt der Mensch wie ein Wurm.« Will man dem beschränkten menschlichen Fassungsvermögen die ganze Länge des FT recht anschaulich machen, heißt es in der Tat, *mehr als ein Viertel* der Straße Unter den Linden abzuschreiten – wetteifernd gleichsam, wenn auch in entgegengesetzter Richtung, mit unserem wiederaufgestellten Friedrich dem Großen von Christian Daniel Rauch –, und zwar mit dem deftigsten alt-deutschen Wanderschritt, also keineswegs lasterhaft trippelnd: Yeah, *mindestens ein Viertel* der Straße Unter den Linden lang ist er, unser FT!, wie lang folglich erst sein eindringlich flüsternder Schatten! Man male sich aus, Bubi, der Wütige, wäre seinerzeit nicht einer dubiosen aus dem Westen geflüchteten Kunstmalerin Daisy Erkrath samt ihrem nach unserem Geschmack allzu fäkalen Angebot begegnet – darüber ein anderes Mal! –, sondern statt dessen dem mahnenden Blick des FT, in die

Schranken gewiesen womöglich vom Zeichen des Lichtkreuzes, wie es bei zweckdienlich-günstigem Sonnenstand auf dem gläsernen Antlitz der rotierenden Speisekugel erscheint, diesem auch für die Erbauer verblüffenden, nimmermehr eingeplanten Effekt – ein Tiefschlag des Lieben Gottes gewissermaßen, welcher daran gemahnt, daß er zu Füßen der Marienkirche steht, der FT: – Und wie es uns ins Gewissen redet, das matt leuchtende Kreuz an unserem Himmel!!!, dem ungeteilten der Hauptstadt!!!; und so hätte es, wer will daran zweifeln?, an manch einem Sonnentag auch Bubi Blazezak mit erhabener, selbstsicher-sanfter Gewalt gezügelt und ihn nach Hause, in seine stille Bude gewiesen und hinaus aus den wahnsinnig überspitzten Paradiesen der Subkultur, des Suffs, der Sagizität und sonstiger Sauereien, die einen zumindest *körperlich unterhöhlen* mögen bei allem Gewinn an Weltkenntnis (siehe auch: Daisy!).

Vielleicht, er würde noch leben und unter uns wandeln, nach Prenzlauer Berg hinauf, nach Mitte hinunter, unter Umständen auch einmal bis hinüber nach Weißensee, vom GUTEN HAPPEN zum FEUCHTEN ECK, vom EIERTROCADERO zur GEISTERBAHN, von den DREI LINDEN zum MEHLWURM – und auf der Greifswalder zwischen Streu- und Ostseestraße nicht weniger erstarren als jüngst der recherchierende Autor, da er vorm Eingang der BERLINER VERGASER- UND FILTERWERKE, Betriebsteil II, aufblickend von seinem Erbrochenen, in der Ferne die Linien des FT in feinsten Dunst, in zartesten Smog eingehüllt sah; man mußte *unwillkürlich an Caspar David Friedrich denken* und vor allem an dessen rätselhaftes Gemälde »Die Schwestern auf dem Söller«, auf welchem der Maler den so binnenländischen Marktplatz des alten Halle/Saale als *regelrechten Seehafen* dargestellt hat, nicht sparend an Segelschiffen, Fischerbooten etcetera (ein exzentrischer frühromantischer Geniestreich, den uns der Kunstwissenschaftler Peter H. Feist erst vor kurzem so richtig enthüllt hat): Auf ähnlich romantische Weise kann man sich leicht nach Stralsund oder Rostock versetzt oder »um-

gesetzt« fühlen, wenn man gegen Abend hinabblickt von Weißensee zum Alexanderplatz-Dreh – Fußgänger Achtung!, Fahrzeugverkehr! –, und wenn der FT genügend umdünstet vom Smog steht... Bubi Blazezak, um das einmal deutlich *herauszustellen*, hätte uns nach so zierlicher Schilderung postwendend einen entzückten Blick des Einverständnisses zugeworfen, wie er es jetzt vielleicht vom Paradies herab tut, hätte Vision und Empfindung lautsprecherlaut mit dem Autor geteilt, hätte ihm vermutlich sogar begeistert auf die Schulter geschlagen: »Mensch, Eddy, auf zu den Berliner Vergaser- und Filterwerken, Betriebsteil II!« (So war er eben auch, unser Bubi, und nicht zuletzt deshalb von so vielen Damen vor allem aus der Kurzwaren- und der Trikotagenbranche des Stadtbezirks Mitte geliebt!, von denen beinahe alle, traut man den Aufklärungsreferaten unseres Helden, einen kleinen Rest Anstand und Geschmackssicherheit bei aller sonstigen Unmoral gewahrt wissen möchten; Bubi Blazezak pflegte hinzuzufügen: »Und sei es aus Gründen der Pikanterie...«)
Sicher, auch der eine oder andere Gewissenskonflikt wäre nicht ausgeblieben angesichts der Aufforderung zur Askese, wie sie der FT auf aufgeschlossene Charaktere und Gemüter *ausstrahlen* mag – nicht auszuschließen, daß Bubi Blazezak an manchen Tagen vor ihm davongelaufen wäre in Viertel und Straßen (Pappelallee, Oderberger Straße, Arkonaplatz undsoweiter), in welche der FT nur ganz selten hineinblickt, und wenn, dann nur mit winzigen Seitenhieben, manchmal auch überhaupt nicht, es sei denn, daß er einem aus den Agitationskästen unserer NATIONALEN FRONT entgegenleuchtet oder aus Bäckerei- und Hutmacherauslagen grüßt (als koloriertes Photo, als Kinderzeichnung, als Intarsie, als Plastik aus Holz oder Kunststoff, Edelmetall oder Bernstein, als Gebäck, als Marzipanschwein, als Alter Stich), um bei den Bewohnern der Oderberger Straße und den Anwohnern des Arkonaplatzes u. ä. für die Hauptstadt Berlin zu werben... Freilich nicht voreilig, bitte!: Selbst als ein vom FT moralisch Gequälter, Zerschmetterter, Verfolgter hätte sich Bubi Blazezak zu

keiner Zeit zu einer HERABWÜRDIGUNG des FT hinreißen lassen, wie sie auf sträfliche (u. U. strafbare) Weise der sogenannte Ur-Berliner Volkswitz sich leistet, wenn er von »Ulbrichts Protzstengel« spricht (in anderen Vierteln »*Protzkeule*«) oder noch ekleren Unflat vorzeigt, vor dem man *instinktiv* zurückscheut. Bubi Blazezak hätte allerdings schon wegen der sogenannten Heerwürmer weiblicher Gäste unserer schönen Heimatstadt-Hälfte (dekoriert vom Weltfriedensrat zwar nicht mit dem Bubi Blazezak gemäßen Titel STADT DER LIEBE, sondern dem fast noch besseren STADT DES FRIEDENS), schon wegen der tausend Gelegenheiten zu wissensbereichernden engeren menschlichen Kontakten mit der heimischen Provinz so gut wie mit der großen weiten Welt – die Reiseleitermentalität! – hätte Bubi Blazezak jede auch noch den idiotischsten Besucher abschreckende Desavouierung *speziell* der Berliner Baulichkeiten verschmäht. Im Gegenteil, er hätte wie wir, der Verfasser und seine sieben Doubles, dafür Sorge zu tragen gewußt, wenn auch auf seine rasierwasserhaft versehrende Art, daß eine Woche oder vielleicht auch nur ein Tag nicht der mißlichen und kleinkarierten, sondern der durchweg *starken* Eindrücke unsere Besucher erwartet, anders ausgedrückt, daß von ihnen ein *wirkliches* Berlin-Erlebnis erlebt werden kann in Berlin, wenigstens in unserem Teil, und nicht irgendein *beliebiger Kack*!

Ach, immer wieder ist es mir, da ich mir das alles vergegenwärtige, als hörte ich das rhythmische Klicken einer zweifellos meisterlich gehandhabten Kamera durch diese meine Prosa wandern – den sensibleren unter meinen Lesern wird es kaum anders ergehen –, ein tänzelndes Klickklickklickklick, am deutlichsten vernehmbar, sobald sich die Erzählung nach dem einen oder anderen Seitensprung bzw. Extempore wieder dem Wesentlichen nähert, dem Zentrum jedes *echten*, jedes *anspruchsvollen* Berlin-Erlebnisses, ja, Sie haben richtig getippt: dem FT, dem FT!!! Auch glaube ich immer wieder die vom Eros zu Höchstleistungen der münsterländisch-märkischen Eloquenz getriebene Stimme zu hören, die porentief eingeölte und abgestuft parfümierte Robert »Bubi« Blazezaks, wie sie sich z. B. andeutungsreich und verführerisch der sogenannten BERLIN-INFORMATION in den Dienst stellt, aus deren Druckwerken zu zitieren stets noch Eindruck gemacht hat: »*Es wurde erreicht*« – man muß es sich von Bubi Blazezaks Fritzchen-Schleicher-Stimme dargereicht denken –, »*es wurde erreicht, daß die glitzernden Flächen der facettenförmig ausgebildeten Außenhautsegmente als waffelartige und plastische Mantelfläche den Betrachter beeindrucken, nicht?*« Worte über die facettierte Nirosta-Haut des Kugel-Cafés in der Höhe, Worte, deren sinnlicher, ja, lasziver Unterton so manch einen widerstandslos dem Rezitator zu folgen geneigt machen dürften, und Bubi Blazezak hätte es auszunutzen gewußt, zum Besten Berlins, zum Besten der Gäste Berlins, zu seinem eigenen Besten! Wie oft wäre unser Held in Damenbegleitung für das knappe Stündchen der *60 Minuten Aufenthaltsdauer* im Fahrstuhl hinaufgezischt ins sogenannte *Tele-Café* – trotz des Eintrittspreises von 5 Mark, u. U. von der Dame erst einmal provisorisch »auszulegen«!, trotz des Fahrstuhltempos von 6 Metern pro Sekunde, welches ein Angetrunkener, als der Bubi Blazezak grundsätzlich gelten muß, zu gerne mit einem zweiseitigen Erbrechen beantworten möchte! Wie oft hätte er aus den außergewöhnlich bequemen Ledersesseln der kreisenden Kugel heraus – »Sie werden mir beipflichten müssen, Miß!, bequemer geht es wohl kaum!« – und über das nicht weniger nennenswerte Kirschbaumfurnier des Tischchens hinweg mit breit gestreuter Gestik das Territorium unserer Hauptstadt markiert, die »Aussichtsfunktion« des FT, die dieser ebenfalls glänzend erfüllt, ausschöpfend bis zum TeZett – »Bei *gutem Wetter* ist in östlicher Richtung das Riesenrad des Berliner Kulturparks (S-Bahnhof Plänterwald) zu *erkennen*!«, heißt es diesbezüglich in einer weiteren Schrift der BERLIN-INFORMATION –; wie oft hätte Bubi Blazezak den Blick schöner Frauen aus Suhl oder Salamanca besonders nach Osten hin zu lenken gewußt, bei *gutem Wetter* natürlich nur, wenn man zwar nicht die

Schneekoppe, den Ural oder gar die transsylvanischen Alpen zu gewahren vermag am Horizont, doch immerhin gerade noch so das Riesenrad im Berliner Kulturpark: »Sehen Sie, sehen Sie nur, Madonna!, übrigens recht günstig gelegen für eine eventuell vergnügliche Spritztour zu zweit, na, wie wäre es, Mamma Leone?, sechs S-Bahn-stellen nur vom Alex entfernt...« Und nicht anders als unsereins hätte er nach einer nicht unheiklen Fahrt mit dem Riesenrad des Berliner Kulturparks (und einigen anderen gewagten Exzessen), er hätte genauso wie wir anderen alle an den scheidenden Autobussen und Aeroplanen gestanden und mit feuchtem Taschentuch o.ä. hinterhergewunken: Adieu!, Arrivederci!, Sayonara!, Bye Bye!, Auf Wittersähänn!, Doswidanja!, Köllenalaaf!, King Ping Meh!, liebe Freunde, Ssährwuß!...
Unausgesprochene Frage des Autors an sich selbst und an sein Herz: Sollte man nicht auch Bubi Blazezak bei dieser Gelegenheit und auf diesem (gleichsam parapsychologischen) Wege grüßen?; mit einem herzlichen Zickezacke hinüber ins Totenreich jener ganz, ganz anderen Fernsehtürme und Omnibusse?, und sich des Segens und der weiteren Zuneigung unseres Helden versichern mit einem versonnen-versponnenen Blick in die Höhe? Weiß-weiße blumenkohlförmige Cumuli sind es, liebkost vom Südwestwind, welche im Augenblick unseres stummen Grußes den Himmelsausschnitt über dem dritten Hinterhof Lychener Straße 22 queren – vom FT sieht man sogar aus dem vierten Stockwerk nicht mal das Spitzchen –, Cumuli, Haufenwolken, in rasch wachsender Anzahl (und einige schon recht schwärzlich, Herr Kulturminister!). Diese und andere sogenannte Alarmzeichen sollten indessen die Abenteuerlust nicht zurückschrecken lassen vor einem gelegentlichen Besuch in Prenzlauer Berg und Mitte, bei genügender Zeit u. U. auch im Vorbeigehen und am Rande im Stadtbezirk Friedrichshain, im Stadtbezirk Pankow, lohnende Reiseziele zumal die beiden ersteren auch *nach* der ÄRA BUBI BLAZEZAK... – Der Autor ist befugt, *halb-offiziös* zu versichern: Bubis Leistung als Lebe-

mann und Lustbolzen hat eine Reihe von Nachfolgern *unterschiedlichster Handschrift* gefunden, zu jeder Tages- und Nachtzeit bereit, die empfindliche Lücke mit Leib und Seele ehrenhaft auszufüllen – wir haben Namen wie Berni Bolle, Bobbi von Bodenstedt, Beat Brechbühl oder (auf dem undankbaren vierten Platz) Billi Buntz –, eine *voll durchkondomisierte Truppe,* dies nebenher und doch auch wieder betont, durchaus befähigt, Bubi Blazezaks Palette auf Verlangen weit in den Schatten zu stellen; ein immer *geschliffenerer* Service, welcher die vor kurzem verhängte Einführung des BRÜCKENGELDS, der sogenannten »Freundschafts-Maut«, in unserer Stadt – und wir haben nicht wenige Brücken! – wohl ausreichend rechtfertigt, möglicherweise sogar zur Genüge erklärt!

(Nachträge:) –//– Was a) die in obiger Notiz *angesprochene* spätkapitalistische Diffamierungskampagne gegen unseren Fernsehturm betrifft, so verstummte sie fast *schlagartig* nach der Aufführung eines Farbfilms unserer verdienten Dok-Filmerin Gitta Nickel mit dem Titel DREIHUNDERT-FÜNFUNDFÜNFZIG METER ÜBER BERLIN/TELE-SPARGEL; 1970 vom Defa-Außenhandel in Auftrag gegeben, wurde die Produktion bereits am 21. 1. 71 vom westdeutschen Fernsehen ausgestrahlt, zunächst nur für die Bundesrepublik, um etwa drei Monate später auch den Westberlinern bekannt gemacht zu werden, und zwar durch den SFB III! (Die Wirksamkeit des Filmwerks ist gewiß nicht vermindert worden durch den Gesangsbeitrag eines Manfred Krug, obwohl man in dieser Rolle lieber Bubi Blazezak gesehen hätte, leider zu diesem Zeitpunkt bereits verstorben, als den wenig später abgehauenen Filmstar...) In bestimmten Vierteln der Hauptstadt soll indessen der Empfang dieser schönen deutsch-deutschen Sendung über den Fernsehturm empfindlich beeinträchtigt gewesen sein durch den störenden Fernsehturm zwischen dort und hier (wird wenigstens behauptet), wie überhaupt manche Straßen, die vorher ein erstklassig klares Bild des ERSTEN und ZWEITEN WEST hatten, nach Errichtung des Fernsehturms angeblich so gravierend geschädigt waren, daß die Bewohner ihren Apparat auf den Sperrmüll zu werfen die Neigung zeigten oder auch Lust; jedenfalls hat das Ärgernis die *sonst immer eiligen Berliner* nicht nur zu *einer* mißmutig aufgeregten und nicht enden wollenden Gesprächsrunde im GAMBRINUS und an dessen Tresen zusammengeführt, häufig genug bis lange über die Zeit des Ausschankschlusses hinaus. (Viele der Diskutierenden mögen aus diesem Grund das mitternächtliche Kammerkonzert des BERLINER RUNDFUNKS versäumt haben, in welchem neue Musiken o. ä. zu Ehren des BERLINER FERNSEHTURMS erklangen o. ä., darunter die deliziös zerstrubbelte »Fernsehturm-Sinfonietta« von Georg Katzer – wenn ich was Falsches sage, mag man den Laien stillschweigend korrigieren! – sowie die auch zahlenmäßig überzeugenden »Tele-Metamorphosen« von Friedrich Goldmann, welcher Wert auf die Feststellung legt, daß er nicht Georg Katzer heißt.)

Was b) mein vorerst aus außerliterarischen Gründen zurückgehaltenes romanhaftes Gesellschaftsgemälde NEBBICH betrifft, so muß ich vor allem den Himmels- und Wolkenfreunden unter meinen Lesern wohl nicht mehr ausdrücklich versichern, daß der nun hoffentlich endgültig in Aussicht genommene Erwerb des eines Tages gewiß auf den Markt geworfenen Romans *mehr* als lohnend sein wird – ein Hinweis, der anders geartete Teile des Publikums jedoch in keiner Weise vor den Kopf stoßen soll; ganz im Gegenteil! – Im übrigen hofft der Verfasser, für obigen Aufsatz mit einer »Eins Plus« oder einem »Unbezahlbar!« belobigt zu werden, von welcher Instanz oder Impotenz auch immer, sodann belohnt mit einem positiven Vermerk in Klassenbuch oder Kaderakte! Wenn es immer noch nicht reicht, könnte ich in diesem Jahr 87 zusätzlich gerne noch das eine oder andere zu Ehren der Siebenhundertfünfzigjahrfeier beisteuern, z.B. einen detaillierten Bericht über jene gleichfalls zu Ehren der Siebenhundertfünfzigjahrfeier im Biesdorfer Schloß veranstaltete Rassehundeausstellung, ja, gewiß, die gleiche, über die auch die Zeitschrift DER HUND

(3/87) bereits kurz informiert hat: »Jeder Aussteller erhält eine Erinnerungsplakette mit *Hund und Fernsehturm*....«
Bitte, wenn Sie es wünschen!

(78–87)

Zum Berlin-Jubiläum 1987

»...Ihr habt woll'n Ding ze loofen; Ihr seid woll mit de Muffe jebufft; Euch haben se woll als Säugling zu heiß jebadet; Euch haben se woll'n jordischen Knoten ins Jroßhirn jehaun! Habt Ihr eijentlich noch alle Kekse in der Packung? Ziemlich anjeschossen, wat? Bregenpanne, wat? Doof wie Stulle, total bekurbelt, hundertprozentig Koppschuß! Woll zu ville Krümel im Halbschuh! Ihr seid woll fünfundvierzig jejen 'ne Bombe jerannt! Ihr habt woll'n Harry an 'ne Leine...« –//– Ja, tatsächlich, »doof wie Stulle«; und Ines, die um '55 im Kiez Geborene, erklärt mir, der Ausdruck klänge für ihre gewieften Ohren »etwas ordinär, na, in der Art der Kutschersprache«, also »*nicht abwertend ordinär*«; und da sie zu spüren scheint, daß diese Erklärung dem Interviewer nicht ausreicht, plötzlich schneller noch als berolina-schnell: »... sacht man in'n jewisset Alter, und wenn man et dann imma noch sacht, denn is man *würcklich* doof wie Stulle... Fuck me off! Verfatz der!« –//– Und ick komme mir vor wie Aule...

(87)

Sajänsfiktschn 87/
Aus einem Expeditionstagebuch (I)

...Posttag; und viel bejubelt wieder die kleine und rührend sorglos zusammengestellte Kollektion älterer und neuer heimatlicher Presse-Erzeugnisse, wie man sie hier im LANDE DER REGENBOGEN-ESSER mit seinen höchstens sieben Zeitungskiosken leider missen muß. Dieses Mal war als Knüller eine schon mehrere Jahre alte Nummer unseres Kulturbundblattes SONNTAG (gezielt?) der Sendung beigekuppelt, ein bereits gilbendes Exemplar, dessen einzelne Seiten man sich gegenseitig aus der Hand riß – wie stets, sobald man des legendären SONNTAG ansichtig wird; in einem mitleiderregenden Zustand – wer von uns ist es nur gewesen, der seine plumpen Zähne in das Blatt geschlagen? –, wie gefräst nach wenigen Minuten vorzüglich die Seite 2 mit dem WORT ZUM SONNTAG, Verzeihung, den allwöchentlich dargebotenen GEDANKEN ZUR ZEIT, in vorliegendem Fall von dem gedankenreichen *Vor-Denker* Hans Weber gedacht und niedergeschrieben, dem seinerzeitigen Vorsitzenden des Bezirksverbandes Frankfurt/Oder des Schriftstellerverbandes der DDR – siehe auch den SONNTAG 39/80 –: »*Einer, der jetzt in Marzahn lebt*«, meint in nachdenklicher Manier dieser Weber, »möchte in *seiner* Literatur vorfinden: Genaues und Unverwechselbares über die Großbaustelle DDR. *Einer aus Marzahn möchte seine Bushaltestelle wiedererkennen*« – ja, der Realismus, der Realismus. – »in den Seiten der Erzähler und die *Sorgen um das neue Kino* (wird es nun gebaut oder nicht?), und er möchte von seinem Dichter *in die Welt gesetzt werden. Er möchte erleben, daß Marzahn nicht nur in der DDR liegt, sondern auf der Welt.* Und wenn unser Marzahner es recht bedenkt, dann möchte er mit Hilfe seines Lieblingsschriftstellers erleben, daß *Marzahn ein wichtiger Punkt im Universum ist*...« – Fern solcher Heimat, hätte man sich auch den ältesten SONN-

TAG bewegt zu Gemüte geführt: Ach, Du liebes altes neues Berlin-Marzahn! Und welche gravierenden Fortschritte seit jenem Frühherbst achtzig: Das in Frage stehende Kino ist heute seit langem fertiggestellt und bietet, dem strammen Geist eines solchen Neubauviertels gemäß – »Fickstädte« hat der blutrünstig dampfende Heiner Müller diese Stadt-Satelliten unumwunden genannt, pfui Deibel! –, und bietet Woche für Woche und Monat für Monat und seit geraumer Zeit seinem Publikum zwar nicht DIE REUE o. ä., aber immerhin solche Spitzenwerke wie PLATTFUSS AM NIL, WINNETOU UND DAS HALBBLUT APANATSCHI oder ASTERIX EROBERT ROM, um von all dem anderen *Genauen und Unverwechselbaren* über die GROSSBAUSTELLE DDR zu schweigen, wie es vor allem die unversieglichen *Didi Hallervorden* und *Mike Krüger* u. a. immer wieder erfrischend zur Sprache zu bringen verstehen... (Die dortige Volksbuchhandlung ist sehr sinnvoll nach dem proletarischen Erzähler und Halbblut LUDWIG TUREK benannt, der sicher Einiges zu sagen gewußt hätte über Berlin-Marzahn und dessen glitzerndes kulturelles Image.)

Beinahe hätte es uns DDR-Forscher im REGENBOGENESSER-LANDL zu einem gemeinsam verfaßten Leserbrief an den SONNTAG und den seligen (1987 verstorbenen) Hans Weber hingerissen – aber dann hat uns doch wieder die witterungsbedingte Trantüterichkeit, wie sie in den hiesigen Gegenden vorherrscht, die Feder aus der Hand fallen lassen –, einen Brief, in welchem vor allem den visionären Fähigkeiten Hans Webers zu applaudieren gewesen wäre, wie sie spätestens 1986 sogar eine bundesrepublikanische Illustrierte – natürlich ungewollt – bestätigt hat: Marzahn, wird deutlich, ist nicht allein ein wichtiger Punkt im Universum, sondern darüber hinaus in der DDR geworden, auch in kultureller Hinsicht; Berlin-Marzahn ist dank der leidenschaftlichen Bemühungen der Marzahner »Szene« – wie es im STERN genannt wird – zu jenem hoch bedeutungsvollen »Punkt« in der

DDR geworden (und in dieser Beziehung selbst der Sowjetunion um zwei bis drei Nasenlängen und mehrere Monde voraus), welcher zum ersten Mal in der Geschichte unseres Landes eine sogenannte »Miß-Wahl« erleben durfte (nein, wirklich, die Forderung nach Glatznotz oder Perestrollka *macht wenig Sinn* in unserer DDR), veranstaltet in der Gaststätte AN DER FEUERWACHE und von über dreihundert Gästen beehrt... Der Berichterstatter Pragal im STERN: »Auch ein Zeichen von *Liberalisierung* – der erste Schönheitswettbewerb.« (Das wertvolle, weil so beweiskräftige Exemplar des STERN hat unser Expeditionskoch Radlof Elend dank glücklicher Fügung in dem einzigen und nur sehr selten geöffneten Kiosk der im Südwesten gelegenen Oase Piffpaff ergattern können, »im letzten Moment«, wie er keuchend erklärt hat, eine halbe Minute, ehe die Bude schon wieder mit dem Zettel WEGEN HANDELSPOLITISCHER SCHULUNG GESCHLOSSEN geschmückt worden sei.) Ob auch der Dichter Hans Weber einer der dreihundert Gäste gewesen ist? »In der Gala-Nacht«, schreibt der STERN, »war *so ziemlich alles* vertreten, was in Ost-Berlin zur *Schickeria* zählt: TV-Liebling Jürgen Karney..., Ulk-Nudel Helga Hahnemann... und Rocksängerin Tamara Danz..., Ex-Eislauf-Weltmeisterin Gabi Seyfert und Pop-Star Frank Schöbel zählten zu den Preisrichtern...« (Und Hans Weber, der Schriftsteller, *nicht?*, einer der seinerzeit am häufigsten photographierten und von der Massenpresse besonders lebhaft popularisierten jüngeren Autoren der DDR und des Universums schlechthin? Ach, so geht die Dampfwalze der Geschichte über die verdienstvollsten Menschen hinweg... Und doch: Eines Tages wird es vielleicht in Marzahn eine HANS-WEBER-BUCHHANDLUNG geben, ja, es ist beinahe sicher!)

...was aber das aufgrund der Weberschen Anregung an den zentralen Ecken und Kanten von Marzahn befestigte Prachttransparent angeht, dieses stolze »MARZAHN – EIN WICHTIGER PUNKT IM UNIVERSUM!!!«, so hat es bekanntlich inzwischen ein interstellares Echo gefunden, eine galaktische Antwort von spürbarer Nachdrücklichkeit – eine Replik in Gestalt jenes ungemein dicke tuenden Meteors vom vorletzten Sommer, die Bevölkerung hat ihn im Handumdrehen BUB1 BLAZEZAK getauft; *Hoher Besuch* (hier hat die Floskel aus der Sklavensprache mal eine gewisse Berechtigung), welcher an der Peripherie des jüngsten Berliner Stadtbezirks ein riesiges magnolienduftendes Kraterloch in der Erdkruste hinterlassen hat, da BUB1 BLAZEZAK selber vollständig verglüht ist... Daß dieser Krater seither zu einer *international beachteten* Ausflügler-Attraktion avanciert ist, verdankt er nicht nur seiner melancholisch stimmenden Form, die Bevölkerung spricht nur noch von der SPRINGPFUHL-VOTZE, sondern mehr noch von dem sinnesbetörenden Duft, mit dem er Marzahn und seine Besucher zu beschenken versteht (Rainer Kirsch – Marzahn ist mein Zeuge), eine Duft-Creation, die aus dem Hause Lagerfeld stammen könnte, aber tatsächlich *von droben* kommt (oder kam): Magnolie, Rose, eine Spur von KRASNAJA MOSKWA; an den Rändern des milde gezackten Loches werden von mehreren EXQUISIT-Verkaufsständen des Staatlichen Handels seit etwa einem halben Jahr die zum Verkaufsschlager ersten Ranges gewordenen MARZAHNER RÄUCHERSTÄBCHEN angeboten, denen von Kennern eine extrem erotisierende Wirkung attestiert wird, ein »Geschenk des Himmels« für ein Land mit bevölkerungspolitischen Problemen, könnte man u. U. sagen, und letzten Endes von keinem anderen provoziert als dem Belletristen Hans Weber... Der Fortschritt, wie man wieder einmal sehen kann, ist recht eigentlich unaufhaltsam!

Da es Nacht werden will in den Wadis von Bir-el-Marzahni (erst jetzt fällt uns die Ähnlichkeit des orientalischen Namens mit dem oben erwähnten heimatlichen auf), da die Kameltreiber unserer Expedition sich zum allabendlichen Gemurmel des rätselhaften »Gewigewigewi...« niedergehockt, da man sich als bildungsbeflissener Leipziger oder Berliner noch einmal den einen oder anderen GEDANKEN ZUR ZEIT o. ä. in Ruhe vorknöpfen möchte – wo ist sie geblieben, die anregungsreiche Seite 2 des SONNTAG 39/80? Oh diese Beduinen, diese Leutchen vom Stamme der REGENBOGENESSER!; aus welchen Gründen sind sie eigentlich so versessen auf jene (gewiß nicht zu verachtenden) Sorten Papiers, aus welchen die Presse unserer DDR im wesentlichen besteht? Oh diese her- und widerzuckenden und aufgeregt geröteten Nasen, diese natternhaft-bandnudelartigen Zischlaute rings, sobald die Kameltreiber eines Presse-Erzeugnisses aus Leipzig oder Ost-Berlin ansichtig werden, am aufgeregtesten und mehr als natternhaft freilich an Tagen, da sich ein Exemplar der Kulturbundzeitschrift SONNTAG in unser abgelegenes Lager verirrt... »Gewigewigewigewigewi«.

(87)

Zweite Begegnung mit der Schmarolle/
Aus einem Expeditionstagebuch (II)

Und ein weiteres Mal sollten wir ihm begegnen, jenem bereits in Verwesung übergegangenen eisernen Monstrum, von gärendem Sahara-Efeu umwuchert die Räder, wie in grünlichen Pelz gehüllt das ehemalige Fahr-Zeug aus der Familie der Draisinen, von unserem Oberkameltreiber Yussuf als »Schmarolle« bezeichnet: »Ja, die heute schon halb vergessene Schmarolle aus der Zeit meiner Kindheit, nichts sonst! Eigentlich der Hobelbank und dem Stadium der Erprobung niemals so richtig entwachsen das Ding seinerzeit...« – Einige Monde später; und was draußen magermilchdürr und säuselnd über die wehrlosen Sande strich, mochte bereits die dämmernde Morgenfrühe sein, eine Frühaufsteherin, in diesem Punkt ähnlich veranlagt wie der dürftig bekleidete Verfasser. Alles lag in tiefstem Schlaf; der Autor dagegen steckte seine Nase schon wieder in die nur wenig kühlere Luft des neuen Tages hinaus, eine Gewohnheit lediglich – oder doch Informationssüchtigkeit und krankhafte Neugier? Nicht lange mehr, und man würde zum Beispiel erkennen können, was jenes schwärzliche und unförmige Gebilde, was jener wuschelhaarig anmutende riesige Trumm inmitten des Lagers bedeuten sollte; entweder emporgewachsen aus Treibsand und Disteln zur Nacht – denn gestern abend war dort nichts als ein ebenes, wenn auch bereits bedeutungsschwangeres Dreieck gewesen – oder aber lautlos herangeflogen und ebenso lautlos gelandet? Man konnte an irgendein Wurzelwunder denken, aus Urzeiten in die Gegenwart hinauf- und hineinragend, doch mit nicht weniger großem Recht an eine ausrangierte und lieblos in die Wüste geschmissene Waschmaschine, wie sie von der modernen Hausfrau nur noch mit Hohn und Gelächter bedacht wird. Um die Pointe neuerlich vorwegzunehmen: Eine Schmarolle ist es natürlich, die zweite, welche wir beäugen durften während unserer exkrementösen Wanderung durch die rauhesten Wüsten-Winkel; fünf Stunden später ist sie das Tagesgespräch. (»Wie kommt denn *die* dort hin?« – »Die war doch gestern noch nicht da!« – »Da erlaubt sich doch irgendwer einen schlimmen Scherz mit unserer Truppe!« – »Mit rechten Dingen geht das nimmer zu!« – »Welch eine schmuddlige Schmarolle und völlig schachmatt!") In ihre Nähe freilich wagte sich keiner; so, als könnte es jeden Augenblick explodieren, das regungslose und bis in die subtileren Glieder des Lenkrads hinauf motten- und madenzerfressene Fahr-Zeug, wenn man es denn schon so nennen will; dessen Schicksal, wie wir von Yussuf gelernt hatten, fast von Geburt an seine eher schon hundertprozentige Fahruntüchtigkeit gewesen trotz der Qualitätsmarke »Q«, welche ihm als Anerkennung (für was nur?) zuerkannt worden war... Ja, man mied die Schmarolle, man hielt immer einige Meter Abstand von ihr: Wie sie auch unschuldig blickte, konnte sie logischerweise nicht gänzlich ohne irgendwelche bösartige Energie gedacht werden, da sie jählings wie ein unbemerkt herbeigestolperter Findling sich inmitten unseres Lagers aufzustellen verstanden hatte, als wir alle mehr oder weniger schliefen. Schien sie nicht, oder war das nur der Eindruck des Autors?, hintervotzig zu uns herüberzublinzeln und auf ihre rostreiche Weise zu grinsen? Und bewegte sich nicht in ihrem Herzstück, wo früher der Führersitz geprangt haben mochte, etwas Breiiges, Breites und Plasma-Ähnliches, irgendein Unflat von Lippen als blubbernder Mund? Und sprach das nicht sogar?, und nach Menschenart?, wenn es auch die Vokale und Konsonanten wie Kaugummi aus sich herausmampfte?, oder wie Teerblasen aus sich herausplatzen ließ? – Und die Schmarolle sagte (und ich hätte es schwerlich verstanden, wenn es mir nicht so vertraut gewesen wäre seit langem), sie sagte mit ihrem schwabbligen Mundwerk: »ICH – DYNAMISCH! Fffft, ffft!« Und sie sagte: »ICH – LEISTUNGSSTARK! Ächz, ächz!« (Sie sprach also in der gleichen Manier wie ein gewisser zentraleuropäischer und besonders leistungsstarker, dynamischer Staat von sich selber zu sprechen den Mut hat.) Und die Schmarolle sagte: »ICH – ZUVERLÄSSIG! Krrr, krrr!« Und blätterte etwas Rost von sich ab in den Wüstenwind und klirrte einige Male wie ein wackliger Weihnachtsbaum und stellte von einem Moment zum anderen jegliche Tätigkeit ein, selbst die relativ bequeme agitatorische... Yussuf, der Oberkameltreiber, hatte sich schon längst wieder abgewandt von der Schmarolle und ihren Bewunderern; sein sodomitischer Blick, ein langer und trauriger, wanderte die am Horizont verglimmende Hufspur seines favorisierten Dromedars entlang.

(85)

Istanbul am Pazifik

AUS DEN BEKENNTNISSEN eines Dresdeners, wohnhaft in Dresden-Neustadt: »Ich wohne an der Transit-Straße Oslo-Istanbul...« (Nachts, wenn die Laster vorbeidonnern, fällt es ihm ein.) / Und in Gedanken an seine in die USA verschlagene Enkelin: »Und jedes Wochenende gehn sie im *Pazifik* baden...« / Das eine wird mitgeteilt im Ton trauriger Ironie, das zweite mit ironischem Stolz: Ja, wir Sachsen!

(80)

Eine gefährliche Ehrung/
Fragment

...und stehe nun doch von allem *gängigen Vokabularium* verlassen, da von einer Minute zur anderen und ohne jegliche Voranmeldung ein im kunstseidenschwarzen glitzrigen Mafiosi-Look sich räkelnder, ausländisch sprechender Herr oder Hofnarr – gar nicht scheu diese ungeladenen Gäste, alles andere als eingeschüchtert durch meine Erscheinung! – aus der Düsternis dieser Woche hervortritt, um mir zwei angeblich äußerst dringliche Schreiben zu überreichen, mit einer venezianischen Büroklammer beide zusammengehalten, welche er, der Repräsentant des vulgärsten Glamour-Looks, dem Empfänger, also Herrn Adolf Endler, sofort zu lesen *befiehlt* – anders kann man es nicht nennen –, sofort und »ohne künftliche Verbrämung« (?) zu lesen (Eine Stimme im Vorbeigehen: »Hören Sie es auch, dieses grauenhafte Quietsch-Quietsch aus der Siebenten Kammer?«): Man habe schließlich nicht ohne allerlei Ängste im Nacken die Überquerung der Alpenkette auf sich genommen – einzig und allein dieser Stunde und Unterredung mit dem »very big scrittore« zuliebe; und wolle endlich mal wieder, yes, in die Federn... Es gehe, knappdiknalldiknuster, um eine »Verschwörung der Bestien« (der Besten sicherlich!) sowie eine »ganz, ganz dicke Ruhmesbehandlung« (?); so viel war dem Radebruch des schillernden Schleiflack-Typs zu entnehmen, einem Redegebröckel, welches sein Ziel fand in den heiser herausgesprudelten Worten: »Du verstähn, pitzick verstähn... Wenn du *nicht:* Päng, päng, päng!!! – Ja?« Dabei wies er mit zugespitztem und zugleich verweichlichtem südländisch rührigem Finger auf den hoch gestellten Absender der übermittelten Briefe: »›UNIVERSITA‹ DELLE ARTE, 43039 SALSOMAGGIORE TERME PR ITALY...«

Italy also, daran konnte kein Zweifel bestehen; doch aus welchem Grund präsentierte sich diese klangvolle Universität in Anführungsstrichelchen? Der Verfasser der Briefe erwies sich indessen als einer der gewieftesten Kenner des Dichter-Herzens schlechthin, also der eigentlichen Motive, die das künstlerische Wort in uns emporsteigen lassen: Ruhmsucht mit weitem Abstand an erster Stelle vor den anderen beiden; 1. die Anbetung ganzer Scharen lüsterner Damen auf sich zu lenken, 2. dank lottohaft-springflutartiger Einkünfte – siehe: Nobelpreis – das Leben eines exzessuösen Nabob führen zu können... Aber Ruhmsucht, lügen wir uns doch nicht irgendwas in die Tasche, beinahe krankhafte Ruhmsucht vor allem; der gierige Traum von der möglichst täglichen Erwähnung des *entsprechenden Dichter-Namens* im Morgenblatt und in den Abendnachrichten... Ausnahmen wie Reiner Kunze u. ä. bestätigen die Regel! (Weshalb schreibe ich denn eine so bemühte Prosa? Freud hat es gewußt und ebenfalls obige drei Motive genannt irgendwo! Solche Einsichten, mag man sie als tief oder flach empfinden, sind seit längerer Zeit, wie man wohl bemerkt haben wird, die prägenden im Hinblick auf mein *literarisches Tun* geworden.) – »Wir möchten Ihnen hiermit mitteilen«, hieß es in dem grammatikalisch fast fugenlosen Schreiben aus Italy, »daß wir Ihnen die Verdiensturkunde unserer Kunstuniversität verliehen haben und die *Zitierung Ihres Namens* inklusive kritischer und biografischer Daten in der Edition INTERNATIONALE LITERATURGESCHICHTE – VON DEN URSPRÜNGEN BIS IN UNSERE TAGE beschlossen haben, die aufgeteilt in 12 Monatshefte pro Jahr erscheinen soll; *Genehmigung Nr. 584 vom 30. 6.1978 Gerichtshof Parma.*« Erst viel später ist mir die Delikatesse zu Bewußtsein gekommen, daß es *auch* in Italien für die Zitierung meines Namens – woran erinnert einen das nur? – eines Entscheids und einer Genehmigung durch einen Gerichtshof bedarf. Jeden halbwegs »normalen« Menschen hätte der Hinweis auf den Gerichtsentscheid im Augenblick stutzig gemacht – nicht so den verblendeten Belletristen, nicht so den geschmeichelten Dichter, der längst schon im nächsten Satz herumstochert, welcher dem inzwischen hold Erröteten – oh Panepinto, oh Panepinto! – den Rest

gibt; kein Satz, nein, ein eiskalt berechneter Fangschuß: »Die zeitgenössischen Autoren, die in der Veröffentlichung erscheinen werden, sind unter *strengen Maßstäben* aus einer *Flut von Tausenden von Namen* aus aller Welt ausgesucht worden...« Du verstähn, pitzick verstähn? Päng, päng, päng!
Während all der Jahre meines phantastischen, eher: phantasmagorischen Aufstiegs nur wenig verwöhnt mit Huldigungen zumal aus Italien, blinzle ich nicht beinahe verzückt zu der Unterschrift drüben hinunter?: »DER REKTOR – Nicolò Panepinto...«; um den Blick sogleich wieder nach oben hüpfen zu lassen: »Die Veröffentlichung, die in *4 Sprachen,* Italienisch, Französisch, Englisch und Deutsch, herausgegeben werden soll...« – (Weshalb nicht in fünfen, weshalb nicht auch in Chinesisch?) – »...hat einen Abonnementspreis von 120,- (ÖS 850)...« – Und so ein Kiki wird dann (zweifellos, um mir zu schaden) zur Topmeldung in der Weltpresse und zur Schlagzeile selbst noch in der kleinen Literatur-Zeitschrift LITFASS: ADOLF ENDLER GEEHRT. (Haben andere Kollegen das gleiche erlebt?): »Die Verdiensturkunde der Kunstuniversität in Salsomaggiore Terme bekam der DDR-Schriftsteller Adolf Endler verliehen... Von Endler *hingegen* war zu erfahren, daß die sieben oder acht Bände seines Romans NEBBICH erst *nach seinem Tod* publiziert werden.« Nebenher, das klingt für *meine* Ohren wenigstens wie »Nach mir die Sintflut«; typisch Endler! sage ich mir als Endler. Man kann schon ein wenig Angst bekommen – ist derlei auch von Salsomaggiore her organisiert? – allein bei dem Gedanken daran... Und der olivenhäutige Mensch, der die Briefe uns Poeten so rätselvoll überbringt, ist es möglicherweise sogar Olle Panepinto persönlich, von Insidern, wie ich später erfuhr, ziemlich einfallslos »Die Pfanne« genannt (Anspielung auf die Pfanne, in die man von Panepinto gehauen wird)? – Nicht ohne strenges maschinenpistolenhaftes Gezisch wies der undurchsichtige Elegant in Beantwortung meines *zunehmend kritischen Blicks* auf den Schlußsatz hin: »Wir bitten Sie, das beiliegende Formular unterschrieben an uns zurückzusenden, *sei es,* weil dies eine Publikation

von großem Interesse ist, *sei es*, um von der *in ihrer Art einzigartigen* Initiative zu *profitieren...*« – Ich: ??????????? (Und versuchte, mittels der entsprechenden Haltung diese elf Fragezeichen intensiv zum Ausdruck zu bringen.) Dann: »Na, geben Sie schon mal das fragliche Formular!« Keiner rief: »Halt!« –//– Etwas Saugendes, hat sich meinem Gedächtnis eingeprägt, ging vor allem von dem zweiten der beiden Briefbögen aus, von dem als »beiliegendes Formular« bezeichneten Schreiben: »Ich bitte Sie, mir die Verdiensturkunde zuzuschicken, die mir Ihre Kunstuniversität verliehen hat. – *Gleichzeitig* unterschreibe ich *hiermit* für das Abonnement von 12 Heften der Edition ›Internationale Literaturgeschichte‹, in dessen Teil, der der zeitgenössischen Literatur gewidmet ist, auch *mein Name* mit kritischen und biografischen Daten *erscheinen wird.*« – »Wieso mit *kritischen?* Dafür bezahl' ich doch nicht!« – Der Italiener lächelte nur (und mit Recht in diesem Fall), sein Finger wies kapriziös auf den Brief, und man las: »Ich übersende deshalb den Betrag... und zwar per Postanweisung oder Scheck... und verbleibe...« – selbst die Grußformel: vorgedruckt, vorgeschrieben – »*in Erwartung der Urkunde* und der Monatshefte mit freundlichen Grüßen... Unterschrift...« (So sehen sie also in Wirklichkeit aus, die Ehrungen, die *unsereinem* zuteil werden nach einem langen schöpferischen Leben voll Not und Entbehrung! Zum Glück bleibt das der breiteren Öffentlichkeit in der Mehrzahl der Fälle verborgen.)
Nach einigen Tagen des heftigsten inneren Widerstreits – und das sollte im Fall einer Buch-Ausgabe meiner GE-STÄNDNISSE doch besser gestrichen werden –, nach einer Woche etwa erlag ich der Verführung und schrieb auf eine Ansichtspostkarte mit der Berliner Fernsehturmkugel, akzentuiert die Sendung durch eine Sonderbriefmarke nach Professor Womackas Gemälde WENN KOMMUNISTEN TRÄUMEN – man hat ja gelernt, sich chevaleresk und höflich zu geben, sobald man eine Revolvermündung im Rücken zu spüren vermeint –, also, ich schrieb: »Sehr geehrter Herr Rektor, ich habe *mit Vergnügen*

die Nachricht von der Verleihung der Verdiensturkunde Ihrer Kunstuniversität *zur Kenntnis genommen* und möchte Ihnen mitteilen, daß ich sie *gerne annehme*. Bei der Zusendung bitte ich meine obige *neue Adresse* zu beachten: 1058 Berlin/DDR, Dunckerstraße 18 *zweites* Hinterhaus links, *vier* Treppen (statt wie früher: 1058 Berlin/DDR, Lychener Straße 22, *drittes* Hinterhaus links, *fünf* Treppen)...« Kein Wort von den Mäusen, ich bitte das festzuhalten!, kein Wort von den Kröten! –//– Ich brauche wohl kaum zu betonen, daß ich immer noch mit freundlichen Grüßen in Erwartung der Verdiensturkunde aus der Viale Matteotti verbleibe – monatelang nach dem Einwurf der Postkarte in den Briefschlitz an der Post in der Eberswalder, unsicher ob der Wirkung meines klebrigen Schriebs, monatelang in Erwartung einer Salve aus drei bis sieben Maschinenpistolen, monatelang zusammenzuckend beim Erscheinen eines Automobils der Marke FIAT (und wäre es auch nur ein FIAT POLSKI)... Denn konnte die Postkarte, wenn man sie unter das Mikroskop legte, nicht u. U. als freche Verhöhnung der EHRENWERTEN GESELLSCHAFT interpretiert werden, schmerzlicher für den echten Maffioten vermutlich als Folter und Mord? Immer und immer wieder diese Jugendstil-Schreckensvision: Ich selber und meine Brille hundertfach »zersiebt«, da das charakteristische KEGLERHEIM-Bierglas in der leblos herniederbaumelnden und verkrampften Rechten hängt (sinnlos geworden und ebenfalls nicht unbeschädigt geblieben); im Zentrum meiner Vision jedoch der soeben bestellte doppelte DOPPELKORN (LICHTENBERGER, das ist ja klar!), noch unberührt auf dem schrecklich vereinsamten Tisch, ach, so bleich mit einemmal, so bleich der Doppelkorn und stumm und steif, als wäre er im Gläschen schlaganfallartig erstarrt (ein *gelähmter* Doppelkorn gleichsam)... Und dann diese dicke Blutlache, die sich im Zeitlupentempo ausdehnt bis hinaus in das Tageslicht der Schönhauser; und seine Hände ringend (?) steht das Personal des KEGLERHEIMS neugierig um die Leiche herum (diese Sippschaft, die sich sonst auf jeglichen Zuruf hin taubstumm zu stellen pflegt: *Gaststättenkultur – nein, danke!*) und gibt die bekannten widersprüchlichen Erklärungen ab, auch wenn niemand gefragt hat. – »Der Schlechteste war er eigentlich nicht...«; »Aber etwas Unheimliches war an ihm, irgendsoetwas strahlte er aus...«; »'Nen Doppelten und 'n PILS – *jetzt erst recht!*«; »Nie ging es ihm schnell genug; wie gehetzt...«; »Bei Zahnfleischbluten hilft die wohlwollendst formulierte Grundsatzerklärung nicht mehr...«; »*Jetzt erst recht – 'nen Doppelten und 'n PILS!*«; »Aber der Schlechteste im KEGLERHEIM war er nicht...«; »Bescheiden und zuvorkommend...«; »*Vor Ort* sieht das eben ganz, ganz anders aus – nämlich so, wie es eben aussieht...«; »He loved to speak dirty!«; »Welcher *Gast* hat nicht seine kleinen Schwächen...«! Etcetera. – Visionen, wie sie mich manchmal noch heute mitten im Schlaf nach meiner ersten, zweiten, dritten, vierten oder fünften Frau rufen lassen (wie mir unwirsch von der sechsten erzählt wird). Ach, Eddi Endler, laß die Finger davon!, höre ich mich lange Zeit später immer noch an trüben Tagen in die Zeitläufte flüstern, laß die Finger davon! Und jetzt habe ich schon wieder den Luftraum der DDR in provokatorischer Weise verletzt, es ist ja zum Wimmern! (Einen *Luft*-Raum *verletzen!*, was für 'ne Formulierung.)

Mal im Ernst und andererseits: Möchte einem nicht manchmal die Literaturgeschichtsschreibung à la Salsomaggiore Terme, diese nach meinen Erfahrungen in der Tat *in ihrer Art einzigartige Initiative,* letztendlich doch als eine vergleichsweise saubere Praxis erscheinen, wenn man gleichzeitig die beflissene Subalternität und ganz und gar undurchsichtige Dunkelmänner-Gschaftlhuberei bei der Herstellung *unserer* sogenannten »Literaturgeschichten« o. ä. ins Auge faßt (von der Verteilung diverser »Verdiensturkunden« zu schweigen)... Ganz anders und offen vor allem geht es bei den Geschäften mit der Firma Nicolo Panepinto zu: Man zahlt – und, pinkepank oder klingklingkling, ist aufgenommen oder »eingegangen« in die Walhalla der INTERNATIONALEN LITERATUR, und eine Verdiensturkunde gibt es als Zugabe außerdem! Das ist sauber, wenn auch auf die schmierigste Weise, das hat seinen trostlosen Reiz! Insofern kann ich dem Kollegen Heinz Knobloch nur halben Herzens folgen, wenn er, gleichfalls ein Empfänger der Post aus Salsomaggiore, die Verführungskünste Panepintos mit den bissig-stolzen Worten zurückweist: »Saldo: Das Porto wird ihnen leid tun, den Verdienst-Erfindern in Salsomaggiore. Sie konnten *ja nicht ahnen,* wie *verwöhnt* die sozialistischen Literaten sind. Wir müssen uns *nie* Auszeichnungen *kaufen.*« – ??????? – »Im Gegenteil, es gibt dann *immer noch Geld dazu...*« (WELTBÜHNE vom 13. April 1982) Und was beweist das? Daß man Geld genommen hat!, sonst doch wohl nichts... –//– Oh, André Breton, verzeihe, verzeih mir!: Ein echter Surrealist nimmt prinzipiell keinen Preis an, von wem er auch immer gereicht werden mag. – Mh, aber bin ich denn 'n Surrealist? Ich bin ein *Vertreter des Deutschen Humors*!; auch wenn Frau Professor Dr. Löffler meint..........

(85)

Sprüche, in Stein gehauen (II)

Um noch einmal zurückzukommen auf den Wunsch des Star-Journalisten Dr. Harald Wessel, die Dichter o. ä. möchten, bitteschön, *solche* Verse erschaffen, »die es wert sind«, sozusagen als LYRIK AM BAU »in Beton gegossen zu werden«; sowie auf Dr. Wessels Erwägung, daß es für Dichter o. ä. »keine höhere Ehre« geben könne, »als seine Gedanken in Stein gehauen zu sehen« –: Trotz aller diesbezüglichen Vorsichtsmaßregeln hat schlußendlich sogar der sonst so wässrige Verfasser wenigstens kurzfristig Feuer gefangen, um nach mancher schlaflos verbrachten Nacht nunmehr *seinen* Beitrag zur Gestaltung der sogenannten WESSEL-WÄNDE (wie man sie nennen sollte) bekannt zu machen. Bis weit ins lilafarben und seherisch-lallend beschworene ZEITALTER DES WASSERMANNS hinein dürfte der beigeheftete geradezu monumentale Vierzeiler seine Wirkung nicht verfehlen, wenn man ihm in riesigen BETON-BUCHSTABEN – circa zwölf mal sechzehn Meter das Ganze eventuell – und an der fensterlosen Seitenwand nicht nur eines neuen Wohnhauses oder Wohnblocks begegnet (weithin sichtbar und mahnend koloriert):

WIE ALLGEMEIN BEKANNT
ER HÖRT DIE EIGNE SCHAND
DER LAUSCHER AN DER WAND
(UND SEIS DAS VATERLAND)

(87)

Kindheit

FERIENLAGER. // (ATZE 1980) – »Euer Atze«, Held der Kinderzeitschrift des gleichen Namens, schreibt aus den Ferien: »...Den größten Teil unserer *Erlebnisse* organisieren wir uns selbst, und die Erwachsenen sind uns dabei gute Freunde und Helfer... Wer will, trifft sich jeden Abend mit der WEISSEN FRAU in einem *stillen, verträumten Winkel*. Wir unterhalten uns über Gemälde und Musik und debattieren über den *Sinn des Sportes* und der Raumfahrt. Heute abend werden wir uns damit beschäftigen, warum die DDR als unser Vaterland *besser ist als die BRD*. Wenn Ihr Euch an dieser Diskussion beteiligen wollt, dann schreibt uns! Kennwort ›Warum‹« –

Aus der Kinderzeitschrift BUMMI 10/84: »...Detlev sitzt ruhig da und meldet sich, wenn die Lehrerin etwas fragt... Neben Detlev sitzt Pit. Er faltet ein Papierflugzeug, und als sich die Lehrerin umdreht, läßt er es in den Raum segeln. Er *schreibt nicht, sondern malt auf die Bank...* – ruft die Lehrerin: ›Pit, steh mal auf!‹ Pit erhebt sich. ›Du lernst schlecht‹, sagt sie. ›Ich werde *deine Eltern* besuchen und *ihnen Kummer bereiten müssen*. Sieh dir mal Detlev an. Er bekommt ein Lob, weil er sich nicht von dir anstiften läßt!‹ – ... *Detlev ist Sportler...*«

Hans Jakobus, seinerzeit Chefredakteur des SONNTAG, eine Woche vor der KULTURKONFERENZ DER FDJ 1982 in Leipzig: »Beim Anblick einer *12jährigen* Schülerin, eines jungen Soldaten, eines Bauarbeiterlehrlings oder eines *Theater*hochschülers *überlege* man einmal: *Ob das wohl vielleicht später einmal ein großer Künstler sein könnte?* Gefühl, Verstand, Talent und Moral aus vollem Herzen, mit allem, was in einem steckt, einsetzend. Und wie *wir* das heute vorbereiten. // ... // Da haben wir auch *Ge-*

duld mit Suchenden zu zeigen, Verständnis für *neue* Experimente, aber: *dem Feind keine Farbe, keinen Klang!*« (SONNTAG 42/82)

VISIER 3/85 über einen jugendlichen Sportschützen: »...Nun ist den Erziehern die *Persönlichkeitsentwick*lung des Michael Schmidt nicht leichtgefallen, es war ein harter Weg, ehe er ein *ganzer Kerl* wurde... ›Wir haben lange gebraucht, bis die *Gleichgültigkeit* bei Michael überwunden war, wenn er einen Wettkampf verlor.‹... Michael Schmidt: ›Durch das Sportschießen im Pionierhaus, durch die gesamte Umgebung, bin ich als *Persönlichkeit* gewachsen... *Wenn ich heute verliere, könnte ich mich schwarz ärgern.*‹«

»Dich sollten se *zurückbummsen* – und dann abtreiben!«, eine Fünfzehnjährige namens Marlies ruft es im MILAECK (Schönhauser Allee) einem kaum vierzehnjährigen Jonny zu – gut, es darf einem mißfallen, aber ein *Einfall* ist es! –, und Jonny, um auch der Schlagfertigkeit des Knaben Erwähnung zu tun, nur um Nuancen weniger witzig (mein Zeuge ist Wagenbach): »Und Dir setze ick uff meine Kuppe und wickse Dir weg...« (Kuppe gleich Eichel; noch heute habe ich es im Ohr, wie die fünfzehnjährige Marlies den völlig ahnungslosen Klaus Wagenbach über die Bedeutung solcher Begriffe wie »Kuppe« etcetera in der menschenfreundlichsten Weise aufklärt.)

PS.: »NACH UND NACH parieren die schon!«, meint die fünfundsechzigjährige Frau Motz, »*wir* mußten es ja auch lernen *damals,* nicht wahr?«

(84/87)

Die Auskunft des Poeten/
Glosse

Aus dem Bericht über den 55. Weltkongreß des PEN-Clubs in Madeira vom 8. bis 10. Mai 1990 und den Beitrag des Sekretärs des DDR-PEN: »Walter Kaufmann (GDR CENTRE) said he would like to say something about the trumpet of Jericho and the collapse of the Berlin Wall, because it had been the writers, theatre people and artists of GDR who had blown this trumpet...« – // – Zurück also zur Geschichte der »Revolution«, oder »Wende« bzw. des »gewissen Weißnichtwas« von 1989, in welcher nun doch wieder plötzlich Lücken aufgeklafft sind – Lücken, aus denen Beunruhigung herausweht sowie der Schall der Trompeten von Jericho und noch Verdächtigeres sogar... (»Bei günstigem Sonnenstand endgültig schließen!, gründlich planieren!, Dampfbäckerei!«; rätselhaftes Tagebuchblatt des Autors von gestern abend, welches die ohne vorherigen Telefonanruf eingetretene Unruhe dokumentieren mag.) Bei wem jedoch recherchieren?, in welcher Kleidung?, mit welchem Gesichtsausdruck? Unsicherheit über Unsicherheit, da man es bislang aus Böswilligkeit verabsäumt hat, sowohl dem Computerlehrgang als auch dem Schnellkurs in marktgerechter Ethik Beachtung zu schenken. Weitere lähmende Fragen: Wessen Gedächtnis ist noch das gleiche wie gestern?, wessen Hohlwangigkeit nicht nur gespielt? Und wer öffnet seine Tür auf ein einfaches Klingelsignal oder das konventionelle Klopfen hin?, da sich die Zahl der sogenannten »Spione« im oberen Drittel der Tür in unserem Stadtbezirk seit dem Frühsommer 90 zumindest verdreizehnfacht hat?, als wären diese wie böse Schweinsäuglein linsenden Gucklöcher jetzt erst so richtig nötig geworden? (Ich weiß schon eine Erklärung, behalte sie aber mit meiner Frau gemeinsam für mich.) – *Drei* Kollegen können es sich mit neunundneunzigprozentiger Sicherheit erlauben, die alten zu bleiben, ihrer geistigen Konstitution und sich selber treu wie den Stadtbezirken Mitte und Prenzlauer Berg: 1. Endolf Adler, zu beinahe traniger Beharrlichkeit gezwungen schon wegen seines gigantischen und nur schwer transportablen Romanwerks NEBBICH; 2. Ole Erdfladn (O. »P.« E.) aufgrund des ebenso spektakulären Gewichts seines stadtbekannten bleiernen Pferdefußes, welcher bei der letzten pflichtgemäßen Gewichtskontrolle, *das bleibt!*, fast eine halbe Tonne schwer gewesen sein soll; ja, diese zwei wird man mit der gleichen Unbefangenheit grüßen dürfen wie früher, diese zwei sind ihrem Image von 86/87 bzw. 70/71 in manchem recht ähnlich geblieben – »*man sieht es allein schon am Blick!*« –; und außer A. und E. natürlich, na, wer schon?, jener andere, jener mit Anal-Annabell zusammengezogene E., der am sichersten, möchte man meinen: E ZWO... Freilich, im Ernst *ihn* besuchen zu wollen, ihn, dessen Mittel im Umgang mit allerlei Menschen *mit am meisten* zu fürchten, sind, ihn, Radlof Elend, auch »the raven« genannt, ihn besuchen zu wollen, wem – außer dem notorischen Masochisten – fiele es ein? Denn was wäre ihm gerade in diesen Zeitläuften willkommener, als wieder einmal ein Opfer für sein gefräßiges, sein *absolutes*, sein Exzeßschweigen herbeigelotst zu bekommen – in unserer einmalig breit gefiederten heimischen Palette des Schweigens seines neben dem Richard Leisings die *einsame Spitze* –, und sei's durch das taumlige Opfer selber; dieses dann in Sekundenschnelle quasi zu Schutt und Asche zerbröselnde Objekt solchen puren Nichtses, ja, Nichtses von menschlichem Ausdruck, in das man hineintorkelt, obschon es einen nicht ansaugt, in dem man verschwindet, obgleich es einen erbricht – SCHWEIGEN FRISST SCHWEIGEN!!!, Radlof Elends Lieblingsdevise! –, in welchem man plützick (zerrützick?) versprudelt wie Selters; ohne daß es einem gelingen könnte, sein eigenes eventuell frisch geschliffenes oder, meinetwegen, auch rostiges und seit Ewigkeiten schartiges Schweigen zu zücken und Elend zu einem zumindest halbwegs fairen Wettkampf zu zwingen! (Ich durfte sie seinerzeit miterleben, die sogenannten »Unterhaltungen« Radlofs im HACKEPETER mit anderen kiezbekannten und gerne gemiedenen Schweigern, *beamteten* so gut wie freischaffenden; ich habe das Fiasko sowohl des *tiefen* als auch des *beredten* Schweigens erlebt; und wie sie splitternd zerspellten ins Bockbier hinein... Nicht selten habe ich Zähren rinnen gesehen aus niedergeschlagenen Augen, auch Schweißbäche aus dem problematischen Innern der Hände, gefaltet zu innigem stummem Gebet, zu wortloser Bitte: Schweig doch mit Nachsicht, Radlof, nicht gar so... mh, mh!, nicht, so *total absolut*, großer Elend!) – // – Jaja, nach Walter Kaufmann vom GDR CENTRE des internationalen PEN gilt für die Autorinnen der gestrigen DDR seit vorvoriger Woche: »Now they had to walk the harder road of freedom, as Brecht had put it...«, um es inbrünstiger zu wiederholen, »the harder, the harder road...« Hat das denn vorher keiner gewußt?, ehe man die Posaune gezückt? – // – Bleibt als Ziel für abendliche Besuche außer mir selber doch wieder nur Ole Erdfladn, »Pferdefuß«-Ole also, dieser (um mit Koziol zu sprechen) tillenförmige literarische Kronenverschluß, welchen ich allerdings weit über alle anderen National-Autoren im Umkreis von drei Quadratkilometern rings um den U-Bahnhof Dimitroffstraße zu stellen geneigt bin (»*Allein schon rein rangmäßig, Bille!*«); doch das ist ja allseits bekannt... Ich will mich kurz fassen: Einige fehlende Treppenstufen und murrende Eisspalten werden passiert beim Aufstieg zum fünften Stock in der Lychener, einige Schwaden Uringestanks aus den offenstehenden Außenklos und mancherlei Nuancen Pestgeruchs aus Sumpflöchern und Verliesen mit den fahndenden Armen zerteilt – wie atme ich's als ein Vertrautes und immer noch »ddr-spezifischen« Odem der heimatlich-urbanen Natur!, »Identität!, Identität!« muß ich niesen –; die desperate Schar humpelnder und vermodert miauender Schwarzer Kater wird links liegengelassen, ebenso die andere der sinnentleerten, allzu häufig schon angeschossenen Prenzlauer-Berg-Kaninchen, manch ein ratlos brummelnder Waschbär dabei; ein scharfes Kunststück Hochseilakrobatik sodann (mit Hilfe einer aus der Wand heraus- und herniederhängenden, leider nur mangelhaft isolierten Draht- und Gummiliane ausgeführt); ein tiefenwirksamer Elektrischer Schlag... – Und schon bin ich wieder unten auf der Lychener Straße, renne und renne, vom Empörungsgeheul des früheren Gentleman-Essayisten, jetzigen Brutal-Belletristen verfolgt! In der einen Hand schwingt Ole Erdfladn die breite Schneide eines vermutlich vom Galrev-Verlag zurückgewiesenen Manuskripts, das herausgefluppte lückenhafte »Kunst«-Gebiß in der säbelnden anderen – »Rodearbeiten des Geistes!« schreit er nach allen Seiten. »lt's Macumba-Time now!« –; und bis zur Ecke am Helmholtz-Platz (Sperrmüll-Container) – »Ick hau dir durch 'n Gully! Ick mach dir zum Flatterhemd!« –; und so oder ähnlich über sechs bis sieben Kreuzungen hinweg mit zunehmend wollustentstelltem Gesicht, zu welchem man als spurtender Humanist nicht gerne zurückblicken mag; und immer der Pferdefuß, der häßlich lachende Pferdefuß, kantapperkantapper, dabei... – // – Gedicht von Filip Rabus (Daten unbekannt), dank Walter Höllerers Ausgrabungstätigkeit in unserem Erste-Hilfe-Kasten: »Wo geht der Weg nach Pleterjach / Ich bitt euch – Bäuerin. / Am Walde fort – der Sonne nach – / Du findest sicher hin. // Leicht schnellten mir die Sohlen heut / Und schleich nun blöd und schwach. / – Laß gut sein – Bub – das Grußgeläut / Die Nacht in Pleterjach.«

(91)

Vatertag (nach Daniil Charms)

Tisch vor dem Ausflugslokal ANGLERHEIM, zehn halb bis dreiviertel gefüllte Biergläser. / (Ein Bierglas kippt um) / A. blickt in die Ferne, schweigt. / (Ein Bierglas kippt um) / B. blickt A. an und schweigt. / (Ein Bierglas kippt um) / C.: Mit einem Wort, Kollegen – Deutschland. / (Ein Bierglas kippt um) / B.: Mehr fällt einem eigentlich zur Stunde nicht ein. / (Ein Bierglas kippt um) / A.: Muß ja auch nicht. / (Ein Bierglas kippt um) / B.: Muß ja nicht sein. / (Ein Bierglas kippt um) C.: Die roten Säue. / (Ein Bierglas kippt um) / A.: Schlimmer als die Nazis. / (Ein Bierglas kippt um) / C.: Abschlachten alle. / (Ein Bierglas kippt um) / B. (ruft in Richtung Gasthaus): Noch mal zehn Sachsenbräu, Anni. / (Anni kommt und stellt zehn Biere auf den Tisch) / Die Kellnerin Anni: Deutschland. / (Ein Bierglas kippt um) / Undsoweiter.

(90)

Verlustanzeige

Anzuzeigen ist der mehr oder weniger schmerzliche Verlust einer nicht unbeträchtlichen Sammlung exquisiter »ddr-spezifischer« Zitate und Militaria, von denen sich ein einziges Stück erhalten hat – empfehlenswert als Weihnachtsgeschenk für den DDR-Nostalgiker (Sonderangebot) –, nämlich eine regenbogenfarben schillernde Metallplatte, Aschespuren hier und da, hineingeätzt von stählerner Künstlerhand der FAHNENEID DER NATIONALEN VOLKSARMEE: »Ich schwöre: Der Deutschen Demokratischen Republik, meinem Vaterland, allzeit treu zu dienen und sie auf Befehl der *Arbeiter-und-Bauern-Regierung* gegen jeden Feind zu schützen. / Ich schwöre: An der Seite der Sowjetarmee und der Armeen der mit uns verbündeten sozialistischen Länder als Soldat der Nationalen Volksarmee jederzeit bereit zu sein, den Sozialismus gegen alle Feinde zu verteidigen und mein Leben *zur Erringung des Sieges* einzusetzen. / Ich schwöre: Ein *ehrlicher*, tapferer, disziplinierter Soldat zu sein, den militärischen Vorgesetzten unbedingten Gehorsam zu leisten, die Befehle mit aller Entschlossenheit zu erfüllen und die militärischen und *staatlichen Geheimnisse* immer streng zu wahren. / Ich schwöre: Die militärischen Kenntnisse gewissenhaft zu erwerben, die militärischen Vorschriften zu erfüllen und immer und überall die *Ehre unserer Republik und unserer Nationalen Volksarmee* zu wahren. / Sollte ich jemals diesen meinen feierlichen Fahneneid verletzen, so möge mich die harte Strafe der Gesetze unserer Republik und die *Verachtung des werktätigen Volkes* treffen.« (Mit vorwurfsvoller Stimme im Sommer den Waldameisen vorzusingen, die nicht leichte Metallplatte in der jonglierenden Hand.)

Das schmähliche Überbleibsel, wie schon gesagt, eines bis vor kurzem noch überreichen Angebots, wie ich es mit meinem mobilen Souvenir-Shop (im Zigeunerwagenstil gehalten) kreuz und quer durch die Neuen Länder kutschiert – bis ich im »malerisch gelegenen« mecklenburgischen Städtchen *Goldberg* eine tüchtige Dummheit gemacht habe, leider. Nein, es ist sicher nicht besonders intelligent gewesen, in der Goldberger Gaststätte ZUR SENSIBLEN WIRTSCHAFTSLAGE die Nebenbei-Bemerkung fallen zu lassen: »Mensch, Mensch, man muß ja ooch 'n jewisset Verständnis für diese Ausländer haben, oder!?« – Sie können sich denken: Niemals zuvor hat den Verfasser, um eine Formulierung aus dem FAHNENEID DER NATIONALEN VOLKSARMEE zu verwenden, die »Verachtung des werktätigen Volkes« so spürbar, so vernichtend getroffen wie nach der Kundgabe dieses gewagten Aperçus! – »Ausländer 'raus! Und Du bist ja wohl auch nich' von hier! Oder sind Sie vielleicht 'n Investor?« – Ach, ach, mein armer und innigst geliebter Zigeunerwagen, abgestellt vor den sogenannten »Toren der Stadt«, ach, ach, und sein jämmerliches Ende als schwelendes Aschehäuflein und Schutt!; von der Goldberger Bürgerin *Waltraut Müller* – siehe den SPIEGEL 44/92! – triumphierend mit der Bemerkung bedacht (oder hat sie etwas anderes gemeint?): »Was wir mit unserem kleinen Scheiß-Goldberg in die Wege geleitet haben, das geht für *ganz Deutschland* nicht mehr wegzuwischen!« – Was meine künftige Existenz als Autor, Sammler und Händler betrifft, mit Sicherheit noch viel weniger leicht, Frau Waltraut Müller, Herr Bürgermeister *Dieter Wollschläger*, Frau *Waltraud Bier* – »Waltraud« mit weichem »d« in diesem Fall! –, all Ihr anderen Aktivisten und Aktivistinnen des Goldbergschen »Widerstandes« (gegen Sinti und Roma etc.!), eines »Widerstandes« *neuen Typs* zweifellos …

… und jetzt sehe ich, wie ein weiteres Überbleibsel meiner Kollektion sich eifrig bemerkbar zu machen versucht, das Titelblatt der SED-Zeitschrift EINHEIT vom Juni

1983, im Herbstwind flatternd: »Wir haben einen sozialistischen Staat aufgebaut, der allen ein menschenwürdigeres Leben garantiert, sicher und geborgen – einen *Staat der Freiheit und Menschlichkeit*, in dem niemand die Sorge vor dem morgigen Tag kennt, jeder gebraucht wird und gute Zukunftsaussichten für sich, seine Familie, seine Kinder hat ...« – Manchen ZeitgenossInnen möchte man zur Zeit diesen so warm beschriebenen Staat an den Hals wünschen (zurückwünschen also), dann unterdrückt man den Wunsch: Es wäre eine *zu* grausame Strafe!

(Ende Oktober 92)

STATT EINES NACHWORTS

Ede Nordfalls »Wende-Roman«

1

Zur Hälfte erst fertig; und dann außerdem ins Wasser gefallen, der angeblich »definitive«, wenn nicht sogar »ultimative« WENDE-ROMAN aus der Feder meines kürzlich verstorbenen Busenfreundes Edmond »Ede« Nordfall; ins magnolienduftende und giftig aufschäumende Badewasser gefallen (oder geschmissen?) das an sich schon unförmige und kohlstrunkartige Konvolut, welches jetzt an einen zerfransten und strohtrocken auseinandertriefenden Basketball o. ä. erinnern will. Ja, leider, leider, dieser von vielen eher angstvoll erwartete Enthüllungs-Roman (oder was es auch immer geworden wäre) dürfte bis auf schmähliche, kaum praktikable Reste für alle Zeiten perdu sein; fragt sich nur, ob infolge einer Unachtsamkeit oder aber einer von Ede Nordfall bewußt eingefädelten Literatur-Katastrophe. Nun ja, ob so oder so, einen schönen Anblick bietet es in keiner Beleuchtung, das desolate Bündel lachhaftesten sogenannten »Manuskripts«: Hier ragt gleichsam ein trostloser Baum- oder Zahnstumpf aus dem zu 99 Prozent unleserlich gewordenen Kuddelmuddel in die Welt, was für eine Welt!, dort schiebt sich die zackige, zusätzlich mit schmalzigem Matsch-Schnee belastete trübe Eisscholle eines umfangreicheren Fragments der Stirnfalte des Fahnders entgegen – anders als mit solchen ekel-gesättigten Umschreibungen vermag man den Anblick des verunglückten Romans schwerlich zu vermitteln –; unbeholfen sich krümmende Würmchen halbgewalkter Satzfetzen, fasrige Schnitzelchen, vergeblich umherflatternd bei dem hybriden Versuch, sich naturwidrig voneinander zu lösen bzw. zueinanderzufinden; überdies vergilbte Salatblätter, Heftzwecken, Heringsgräten, Schrumpelradieschen... (Stop, Stop, Stop!, höre ich in diesem Moment den einen oder anderen Kenner auf diese Zeilen hinab rufen; als wenn wir es nicht schon wüßten, was auf uns zu rollt!; wieder mal so'n postmoderner Quasi-Roman über 'n gescheiterten oder verlorengegangenen postmodernen Quasi-Roman über 'n ungeschriebenen postmodernen Quasi-Roman!; derlei hängt uns nachgerade zum Hals 'raus, werter Herr! – Ha, und wenn es die Wahrheit ist, die schlichte Wahrheit, ob auch in postmoderner Gewandung? Und nichts anderes ist es, beim Bart Thomas Pynchons!) Ach, man wagt gar nicht daran zu denken, was unserem vereinigten Vaterland alles verloren ist aufgrund des Schiffbruchs allein schon des nordfallschen Halb-Romans, der erst zur Feier der Jahrtausend-Wende zum Voll-Roman werden wollte; zuweilen im Halbschlaf erahnbar die Dimensionen, die Konvulsionen, die extremen Radiatoren... – »Oi, Ora Neld-Delf!«, um zwei Zeilen aus den Klagegesängen der nordostthyrkanischen Regenbogenesser-Stämme provisorisch heranzuziehen, »oi, Ora Neld-Delf, oi, OI El Darf Ned!«

2

Erhalten geblieben sind, ein Danaergeschenk fürwahr, neun schmierige Schulhefte, die von Nordfall recht unbedacht an einem separaten Platz aufbewahrt worden sind: Zitate der unterschiedlichsten Herkunft und Qualität – Baudelaire steht neben BILD, Mickel neben Molotow etc. –, Zitate, die offenkundig als Mottos herhalten sollten; bis zu siebenundzwanzig Mottos waren für jedes Kapitel vorgesehen... Insgesamt finden wir dreihundert Mottos zusammengetragen in den neun Heften, mindestens dreihundert!, einige wenige dieser nunmehrigen Wegweiser ins Nichts doppelt unterstrichen mit rubinrotem Lippenstift, also vermutlich als zentrale, als Führungs- und Leitmottos begriffen vom Autor, im Unterschied zu den in den seinerzeit trendy Farben Grey-Heather und Indigo-Blue markierten vermutlich untergeordneten »Sekundärmottos«; übrigens oft interessanter solches maulgefechtswirre Fußvolk als die Motto-Generalität. – Eines der Zitate findet sich zusätzlich von einem zittrig gestalteten Kreis eingerahmt, der vage an ein mißratenes Blumengebinde erinnert – nein, zeichnen konnte Ede Nordfall nicht! –, ein programmatischer Satz, ausgeschnitten aus einer hektographierten »Politischen Plattform« irgendeines NEUEN FORUM vom September 89: »Wir wollen das *Bewährte erhalten* und doch *Platz für Erneuerung* schaffen, um *sparsamer* und weniger naturfeindlich zu leben...« (In der Tat hat Ede Nordfall zu dem mageren Häuflein gehört, das mit dem verwehenden Sprechchor »Sporsomer lähm'!, sporsomer lähm'!« die Demonstrationszüge Ende 89 in ein sazerdotaleres Fahrwasser zu lenken versucht hat, manchen deutsch-deutschen Faustschlags auf die Nase gewärtig.) Nur um ein Geringes weniger bemerkenswert mag unserem Ede ein gleichfalls als Primär-Motto herausgeklaubter Ausspruch der Schriftstellerin Helga Königsdorf (vom 6. 12. 89!) erschienen sein – er hat eine bucklige und progressiv lachende Sonne hinzugemalt –: »Ich persönlich kann das Wort Sozialismus nun wieder gebrauchen, gerade weil keiner so genau weiß, was darunter zu verstehen ist...« (Gewiß, lieber Karl Kraus, diese Erzählerin hat erfreulicherweise zu keiner Zeit zu jenen »Intellektuellen« gezählt, die sich 89 oder 90 erst einmal ein verblüfftes »Schweigen« gegönnt haben, das ihnen dann als »Versagen« angekreidet worden ist.) Ziemlich unvermittelt ragt auf der gleichen Seite weiter unten ein Bröcklein hintergründigster Poesie in die Sphäre mehr theoretischer Bemühung hinein, zwei Zeilen aus einem Vierzeiler des stachligen österreichischen Poëten und Malers Albert Paris Gütersloh: »... Aber zwischen den Zusammenhängen stehn die Pferde / ungesattelt, während die Entfernung schwillt...« (Ein Bild, über das man nicht zu lange nachdenken darf; bitte, nicht! Wir haben schon Irre genug in der Familie.) – In den Wochen nach der DDR-Wahl im Frühjahr neunzig hat es Ede Nordfall jedoch vor allem der Plantsch- und Plaudermund der CDU-Politikerin und Ärztin Dr. Sabine Bergmann-Pohl angetan, also jener Dame, welche am 7. April jenes Jahres von BILD als die »neue First Lady der DDR« vorgestellt werden konnte *sowie mit ihrer kurzfristig* weich stimmenden Herzensergießung: »Ich bin eine *ausgesprochene Glucke* als Mutter... Nun ist mein innigster Wunsch, eine gerechte Präsidentin für meine 16 Millionen Kinder zu sein...« Wir haben etwa zwanzig Wortmeldungen Frau Bergmann-Pohls in den Motto-Kollektionen Nordfalls aufspüren können, sie alle mit schnaubender Flosse aus der oder jener Gazette abgeschrieben; ehrlich gesagt, ich weltfremder Heini habe es erst sehr viel später verstanden, weshalb die alsbald einsetzenden Stasi-Enthüllungen Ede Nordfall nur um Nuancen mehr haben schaudern lassen als die blitzartige Karriere der Krause, Diestel, Bergmann-Pohl, einer *ausgesprochenen* Ausspruchs-Spezialistin, welche wohl im Namen all dieser frappierenden Aufsteiger gesprochen, da sie, eine Mutter Courage der »zurückgenommenen« Art, ihre Existenz in der DDR folgendermaßen zu erklären versucht hat: »... aber ich hielt mich eben doch zurück, um mich nicht in Schwierigkeiten zu bringen... Weil man, wenn man sich *nicht* wehrte, einigermaßen zurechtkam in diesem Staat...«, was haargenau stimmt (STERN 43/91). Wenn mich nicht alles täuscht, hat Nordfall schon damals gelegentlich mit dem Gedanken gespielt, seinen WENDE-ROMAN ad acta zu legen bzw. in den Müllcontainer zu werfen, ja, schon damals ist er von seiner Frau Pythia nicht selten dabei beobachtet worden, wie er mit dem verwahrlosten Manuskript unterm Arm und aufgeregt murmelnd im Flur vor dem Badezimmer hin und her gehastet ist, in immer kürzeren Abständen einen terroristischen Blick auf die Badewanne werfend und dadaistisch anmutende Prosa zwischen den Zähnen zermahlend: »Hurra, ich lebe noch! Club Cola! *Unsere* Cola... Und Pittiplatsch ebenso; Pittiplatsch is also still living!« Von seiner Frau mit liebender Sorge betrachtet, hat er indessen während dieser frühen Phase sein Manuskript dann doch immer wieder zurechtgezupft und den Weg zurück gefunden in seine chaotische Schlaf- und Arbeitsbude, um drei bis vier weitere Zeilen seines Romans aufs Papier zu krümeln, falls er sich nicht dazu aufgefordert gefühlt hat, noch mehr »charakteristische« Mottos hervorzuwühlen aus Zeitung, Zeitschrift, Kalender und Buch, z. B. das folgende, das Nordfall seinerzeit als »Wegweiser zum Herzen des Romans« bezeichnet hat, ein vieldeutig schillerndes Zufallsprodukt aus der Goethezeit, eine als »Studentenulk« durch die Dezennien gereichte Weisheit des »klassischen zerstreuten Professors« Johann Georg August Galletti, geb. 1750: »In der Sahara liegt der Sand so locker, daß heute da Berge sind, wo morgen Thäler waren.« (Unserem Ede Nordfall hat der gothaische Professor allen Ernstes als der »erste deutsche Surrealist« gegolten, dessen »Werk« es auf ganz neue und komparatistische Weise zu edieren und zu kommentieren gelte; der Autor der vorliegenden Memoire hat wenigstens in diesem Punkt das Erbe Nordfalls anzutreten versprochen.) »... daß heute da Berge sind, wo morgen Thäler waren.« Nicht wahr, man stockt?, man atmet unregelmäßiger, da man Galletti bedenkt? »Blattschuß!«, höre ich mich dumpf ausatmen, und dumpf einatmend: »Jau, das trifft es!« Und ich spreche mit mir selber: »Hier haben wir sie in der Nußschale, unsere Stille Revolution und all das!, Sandsträhne für Sandsträhne die Wende!« Um gleich nach solcher undisziplinierten Exaltation in sinnloses Grübeln zu verfallen: Herrje, wenn der ganze oder auch nur halbe Roman tatsächlich dem sowohl hoch- als auch tiefschichtigen Format der gallettischen Mitteilung gerecht geworden ist, dann haben wir Deutschen beiderlei Geschlechts allerdings Anlaß, einen Verlust nicht von den kleinsten Eltern zu beklagen; ob der Roman nun brutal ertränkt worden oder lediglich brutzelnd ertrunken ist. – Oh, dieses kaum noch Konvolut zu nennende madenumzischelte Konvolut noch einmal, zum letztenmal in die widerstrebenden Hände genommen, dieses mit Speise- und Kotresten unschön beflaggte, immer noch schwach magnolienduftende! Nicht nur in der Badewannenbrühe scheint es untergegangen (und dann wieder aufgestiegen) zu sein; später ist es, hoffentlich wieder einigermaßen trocken, anscheinend zu einem provisorischen Kopfkissen zusammengehudelt worden, da Ede Nordfall nach rechtens verzweifelt durchzechter Nacht das richtige Kopfkissen o. ä. nicht gefunden haben mag; schließlich deutet mancherlei ihm anhaftender Schock-Unrat auf eine heftige Stipp-Visite in einem verkeimten Kartoffelsack, in einem Burger-King-Abfallcontainer (mein Gott!), in einem haarigen Briketthaufen aus den Siebzigern hin; was im Einzelnen mit diesem Klumpatsch geschehen ist, ließe sich nur durch monate-, jahrelange Analyse (drei bis vier ABM-Stellen!) in einem speziellen Labor heraustifteln, freilich wüßten wir dann immer noch nicht, wann, weshalb und wie das Konvolut dann doch noch »gerettet« worden ist. Eine vollkommen blödsinnige Rettungstat, wie sich spätestens dann erweist, wenn dem gleichermaßen neugierigen wie angewiderten Literaturforscher das Geschwabbele aus der feinnervigen Hand fällt und nach allen Seiten auseinandersprudelt. Endgültig wird man darüber belehrt, daß jeder Rekonstruktionsversuch für die Katz sein muß, wie eifrig man auch die fünf gerade noch und mit Mühe erkennbaren Restchen hin und her schiebt, die aus dem Haufen herausgepittiplatscht sind nebst Kartoffelschalen und rostigen Rasierklingen: 1. »... gebastelt, gebügelt, gebündelt, gebührend...«; 2. »... Schone Dich, Vater, quatsch nicht so viel...«; 3. »... und läßt ihre kopflastig-lüsterne Dressur-Peitsche aufflackern wie ein makabres Adventslicht, als gelte es, einem unverhofften Karriereknick Nachdruck zu...«; 4. »... Daitsche geg'n Daitsche!...«; 5. »... Fußpilz als solcher fast gänzlich ausgest...« – Wehmütig stopft man solche Fragmente nebst den rostigen Rasierklingen und den Kartoffelschalen in den rasselnden Haufen zurück. Am Ende solchen Tages bleibt einem wiederum kaum etwas anderes, als neuerlich in die Schublade mit den erst vor kurzem entdeckten mysteriösen Klagegesängen der nordostthyrkanischen Regenbogenesser-Stämme zu greifen und rätselwie tränenselig zu rezitieren: »Oi, Faoler Dendl! / Oi, Feln de Dolar!« Undsoweiter –

3

Lädierte Lustbarkeiten, Lähmungserscheinungen, Destruktionsgelüste, eskapistische »Pilzwanderungen« trotz Tschernobyl bis in Moos und Myzelium hinein, seit etwa 92 sind sie fraglos für unseren nunmehr dahingeschiedenen Freund das tägliche Brot gewesen (die riskanten »Pilzwanderungen« natürlich nur im Herbst). Daß er eines schwarzen Tages den ganzen Lit-Kram hinschmeißen würde, hätte man fast vorausberechnen können. Je höher der Turm der mehr oder weniger tolldreisten Mottos wuchs, um so langsamer gewann der intendierte Roman an Dicke oder Länge, ja, er schien schließlich von Monat zu Monat zu schrumpfen. (Ein Sätzchen, das auf keinen Fall Papa Freud gezeigt werden darf; bitte!) Es zeugt für den nach wie vor illustren Geist unseres Stadtviertels – wen auf der Welt interessiert schon der Kollaps einer künstlerischen Begabung? –, daß zumal in den Gaststätten »Susis Sause« und »Brunis Klause« natürlich unter Zuhilfenahme von zahlreichen doppelten Klaren (nein, Whiskeys neuerdings) immer wieder und bis heute darüber theoretisiert wird, durch welches besondere Ereignis unter Umständen der »endgültige Bruch« Ede Nordfalls mit seinem WENDE-ROMAN bewirkt worden ist; von manch einem beinahe als befreiend empfunden nebenher, da einem das pausenlose Gegreine des Autors ob seiner »totalen Formulierungsunlust«, sein ewiges mürrisches Herumgekrebse von Bierbar zu Bierbar nicht gerade geholfen hat, z. B. dem dank der Stillen Revolution so viel größeren und differenzierteren Getränkeangebot mit der notwendigen ungebrochenen Leidenschaft zu begegnen... »Wann genau hat das aufgehört mit dem WENDE-ROMAN, wie ist das passiert?«; man hört die Frage bis heute, von den einen bedrückt, von den anderen beglückt ausgesprochen. Haben wirklich die unserem Freund zugespielten »Stasi-Akten« den letzten Ausschlag gegeben, die ihm zum erstenmal in seinem Leben unverblümt ins Gesicht geklatscht haben, wie wenig der überwiegende

Teil seiner Kollegen und Bekannten (ob Stasi oder nicht) von seinem in der Tat schwierigen Charakter und seinem in der Tat problematischen literarischen Tun gehalten hat? (Ein I.M. »Genius« hatte beispielsweise in bezug auf den O.V »Saukerl« zu Protokoll gegeben: »Der unfreiwillige ›Autor‹ Edmond Nordfall wird allgemein nur als verkommenes Schwein eingeschätzt. Selbst viele seiner besten Freunde bezeichnen ihn als ›Muster ohne Wert‹ und in fortgeschrittener Geberlaune meistens als ein vollkommen verkommenes Schwein. Vor allem sein Beichtvater gibt der Meinung Ausdruck, daß Edmond Nordfall ein Schwein ist, wie so schnell kein zweites zu finden sein möchte in seiner Gemeinde, im Stadtteil...; und auch sein Bekenntnis zum Christentum ginge nicht sehr tief, sei nicht ehrlich gemeint, im GroßenundGanzen Lüge ... Eventuell Ansatzpunkt für eine eventuelle Zusammenarbeit?« Dies eines der zurückhaltenderen, gleichzeitig stilistisch reiferen Protokolle.) Nein, das kann es nicht gewesen sein! Den Nordfall, den ich gekannt habe – Beschimpfungen sind für ihn stets belebende Stimulanzien gewesen –, hätte ein Erlebnis dieser Art eher zu neuer Produktivität angestachelt; lahmgelegt hätte es ihn mit Sicherheit nicht... Nordfalls Gattin scheint zu der gleichen Meinung zu tendieren: Wortlos, wenn auch hintersinnig blinzelnd, hat sie einen von Ede Nordfall mit drei Ausrufungszeichen und drei Pfeilen markierten Zeitungsausschnitt vor uns Literarhistorikern auf den Tisch gelegt (wieder mal 'n Motto?), nein, nicht wortlos, sondern einsilbig, nämlich mit einem kurzen giftigen »Peng!«, um sich sodann zum Fenster zu wenden und dem Hin und Her der Vögel in der Hinterhoflinde zuzuschauen, der nun wirklich stumme Rücken ein einziger bitterer Kommentar zu dem Artikel unter unseren grapschenden Händen: »SEELSORGERISCHE BETREUUNG VON STASI-OPFERN VORGESCHLAGEN / Berlin, 29. Dezember (AFP). Der thüringische Justizminister Jentsch (CDU) hat vor der Gefahr gewarnt, daß viele Menschen bei der vom 1. Januar an erlaubten Einsicht in ihre Stasi-Akten ›Dinge aus dem unmittelbaren Familienbereich erfahren, mit denen sie nicht fertig werden‹. In einem Gespräch mit der Dresdner ›Morgenpost am Sonntag‹ schlug Jentsch seelsorgerische Betreuung für die Stasi-Opfer vor. Neben Mitarbeitern der Behörde des Stasi-Sonderbeauftragten Gauck und Pfarrern kämen für die Betreuung dieser Menschen vor allem *Mitglieder früherer Bürgerrechtsbewegungen* in Frage, die die erforderliche Sensibilität in dieser Frage hätten...« (FAZ vom 30. 12. 91); wobei vielleicht an Leute vom Kaliber Bärbel Bohleys, Jürgen Fuchs', Wolf Biermanns gedacht worden ist. Ei, und plötzlich fällt es einem wie Schuppen von den Augen: Das ist es, das muß es gewesen sein!; Ede Nordfall hat diesen Service in Anspruch genommen, sei es aus Jux, sei es aus Neugier, sei es aufgrund des Wunsches nach vielleicht belebender neuer Erfahrung. Plötzlich erinnere ich mich an mancherlei eigentümliche Vorgänge im März und im April 92, auch an eine von keinem ganz ernst genommene Erklärung Ede Nordfalls, die man heute unschwer als Schlußwort nach mehrmaliger Behandlung und »seelsorgerischer Betreuung« durch geeignete Bürgerrechtler (durch Jürgen Fuchs, durch Bärbel Bohley?) interpretieren darf: »Ich schreibe nicht mehr! Alles Geschriebene ist Schweinerei, wenigstens alles von mir Geschriebene..., weinerlichschweinische *Sprachspielerei*...« (Die moralische Durchschlagskraft der ihn betreuenden Personen muß ungeheuer gewesen sein.) – Es sollten nur noch wenige Wochen bis zur letzten Konsequenz vergehen, bis zu dem Moment, als Ede Nordfalls erst bis zur Hälfte gediehener Roman »Lockere Sande« im Badewasser des Verzweifelten zu versinken begann, sein »Lebensinhalt« gewissermaßen, sein »Lebenssinn«. Niemanden konnte verwundern, daß Ede Nordfall seinem WENDE-ROMAN nach einigen Monaten hinterhergestorben ist. Immerhin hat er es noch bis in den Sommer 94 geschafft: Kurden-Abschiebung, Li-Peng-Besuch, Reduzierung des deutschen Widerstands gegen Hitler auf den Widerstand der Eigentümer größerer Liegenschaften und Waldungen... Ja, in diesen Tagen hat sich das gequälte nordfallsche Haupt von uns abgekehrt, ohne weiterer Überraschungen der Nach- »Wende« teilhaftig werden zu können. Als letztes Bild hat sich eingeprägt sein zuckendes, wie von Gelächter erschüttertes nacktes Fuß-Paar, schon halb auf dem Weg nach... (Da ich das Ziel des ins Auge gefaßten Wegs zu benennen versuche, höre ich mich plötzlich eines der Klagelieder der Regenbogenesser-Stämme singen, nämlich das immer wieder bewegende »Ol El Darf Ned«: »Darf Ole Endl / Darf Ole Endl / Od Df Er Lalen / Od Df Er Lalen / Adolf Redeln / Adolf Redeln / Ol El Darf Ned...«; Gospelgesang aus der Steinzeit?)

4 (P.S.:)

Gegeben im wahnsinnigsten Sommer der Neuzeit, der befürchten (bzw. erhoffen) läßt, daß das Ende aller Romankunst, nicht nur der post-nordfallschen, unmittelbar bevorsteht. Es liegt auf der feuchten Hand: Bei so 'ner Mordshitze ist an ein exzessives oder auch nur brav-kontinuierliches Roman-Schreiben nicht mehr zu denken. Erahnbar wird ein Buchmarkt der Zukunft bar aller neuen Romane, selbst der achtzigseitigen; nur noch ein bißchen schüttere Lyrische Prosa dann und wann... Möglicherweise wird allein die neue Prenzlauer-Berg-Zeitschrift SKLAVEN überleben, in der es heißt: »Der Sand reicht uns schon jetzt bis zur Hüfte... Wieviel Sand soll es eigentlich noch werden?« So ein rechtens empörter Wolfram Kempe; ein Name, den man sich merken sollte für alle Fälle: Kempe fungiert im Nebenberuf als Notarzt.

(Juli / Dezember 94)

Quellen- und Rechtenachweis

Die folgenden Texte erscheinen mit freundlicher Genehmigung des Rotbuch Verlags, Hamburg:

Aus: **Vorbildlich schleimlösend**, © 1990 Rotbuch Verlag Berlin

Kosmogonisches / »Hinweise für Journalisten«;
Vorbildlich schleimlösend / Ostberliner Notizen 82;
Werbung für das Rote Kreuz;
H wie »Humanes Verhalten«;
Brunhilde Humperdinck / Materialien für eine Biographie;
Ottos Karnickel;
Notiz betreffs Bubi;
Die Rasierklinge mit den Spinnenbeinen;
Sprüche, in Stein gehauen (I);
Statt einer Vorbemerkung;
Nachrichten aus der Hölle / Eine Non-Predigt;
Nach Rahnsdorf fahren;
Belehrung Müller Friedrich von Preußen, Ankes Traum Lächeln Lüsternheit / Materialien zu einem Weihespiel;
Bubi Blazezaks gedenkend / Seitenblick auf einen Romanhelden;
Zum Berlin-Jubiläum 1987;
Sajänsfiktschn 87 / Aus einem Expeditionstagebuch (I);
Sprüche, in Stein gehauen (II);
Kindheit

Aus: **Schichtenflotz**, © 1987 Rotbuch Verlag Berlin

Der Stuhl / Eine Ermutigung;
Eine gefährliche Ehrung / Fragment

Aus: **Ohne Nennung von Gründen**, © 1985 Rotbuch Verlag Berlin

Die Exzesse Bubi Blazezaks im Fokus des Kalten Krieges / Romanfragment;
Für acht Groschen Hefe;
Wir Jungs von Ypsilon-Acht oder der Lagebesprechungswimpel

Für alle anderen Texte liegen die Rechte beim Autor.